학살의 정치학

THE POLITICS OF GENOCIDE

학살의 정치학

THE POLITICS OF GENOCIDE

노암 촘스키
에드워드 S. 허먼
데이비드 페터슨
지음

박 종 일
옮김

인간사랑

THE POLITICS OF GENOCIDE
BY EDWARD S. HERMAN AND DAVID PETERSON

CONTENTS

차 례

이 세상이 존재하는 한 권리란 대등한 힘을 가진 상대들 사이에서만 들먹일 수 있을 뿐이다. 강한 자는 자신이 하고 싶은 대로 행동하고 약한 자는 당하고 있을 수밖에 없다.

투키디데스

학살의 정치학

THE POLITICS OF GENOCIDE

서문

노암 촘스키

이 설득력 있는 책으로부터 배울 수 있는 참담한 교훈은 냉전이 종식되자 홀로코스트를 부정하는 시대가 열렸다는 점이다. 이 책 저자들의 절제된 표현을 인용하자면 "지난 수십 년 동안 '학살'이란 용어가 사용되는 빈도도 늘어났고 무분별하게 사용되다 보니 이 용어가 생겨나게 된 원인이었던 20세기 범죄행위의 의미가 평가절하되는 지경에 이르렀다." 저자들은 이 용어가 요즘 사용되고 있는 사례는 나치에 희생당한 사람들의 기억에 대한 모욕임을 밝혀주고 있다.

그러나 이런 습관은 지식계의 문화 속에 깊게 뿌리내리고 있어서 쉽게 근절되지 않을 것이란 점을 명심해야 한다. 가장 명백한 학살의 사례를 두고서 가해자들이 범행을 인정하면서도 의미를 축소하여 전달하거나, 심지어 수혜자들이 사실 자체를 부인하는 일이 지금까지도 벌어지고 있다.

제국주의적 정복의 가장 사악한 형태인 식민개척주의의 역사가 분명한 증거를 보여준다. 북아메리카에서 식민지를 개척한 영국 식민자들은 자신들이 저지르는 행위에 대해 어떤 의구심도 갖지 않았다. 독립전쟁의 영웅이자 신생 아메리카합중국의 초대 전쟁성 장관이었던 헨리 녹스(Henry Knox) 장군은 "멕시코와 페루의 정복자들이 원주민들에게 사용했던 것보다 더 파괴적인" 수단을 동원하여 "합중국의 인구가 가장 많은 지역에서 모든 인디언들을 완벽하게 근절한 일"은 결코 작은 공적이 아니라고 기술했다. 존 퀸시 애덤스(John Quincy Adams) 대통령은 만년에 가서 "우리가 무자비하고 야비한 속임수로 근절하고 있는 불운한 아메리카 원주민"의 운명은 "이 나라가 저지른 극악한 죄 가운데 하나이며, 언젠가는 하나님께서 심판을 내리실 것으로 믿는다"고 시인했다.

그러나 현대의 평자들은 달리 생각한다. 냉전 시대를 연구한 저명한 역사학자 존 루이스 가디스(John Lewis Gaddis)는 애덤스 대통령이야말로 "확장이 국가안보의 길"이라는 부시 독트린의 기초를 마련한 위대한 전략가라고 추앙한다. 가디스는 그럴 듯한 말로 이 독트린이야말로 "유년기의 제국"(조지 워싱턴은 신생 공화국을 이렇게 불렀다)이 전체 역사를 통해 일관되게 적용해야 했던 노선이라고 칭송한다. 가디스는 애덤스가 이러한 노선을 확립하는 과정에서 "이 나라의 극악한 죄"를 짓는 데 공헌한 피비린내 나는 역할과, 헌법을 위반하면서까지 전쟁을 일으켜 플로리다를 정복한 행위를 자위권의 행사라는 거짓 논리로 정당화한 유명한 연두교서를 발표한 사실에 대해서는 눈감고 있다. 학살의 역사를 연구한 저명한 역사학자 윌리엄 얼 윅스(William Earl Weeks)는 인디언과 도망노예들을 대상으로 한 "살육과 약탈행위의 전람회"에 관한 섬뜩한 사례들을 우리에게 보여주고 있는데, 그의 표현을 빌리자면 플로리다 정복은 애덤스 대통령이 "동남부에서 아메리카 원주민들을 제거하거나 근절하기 위해" 만든 프로젝트의 일부였다.

다른 예를 들어보겠다. 세계적으로 저명한 진보적 지성지인 뉴욕 리뷰 오브 북스(*New York Review of Books*)의 2009년 6월 11일자에서 정치분석가 러셀 베이커(Russel Baker)는 "영웅사관"을 추종하는 역사학자 에드먼드 모건(Edmond Morgan)의 저작에서 찾아낸 오류를 언급하고 있다. 모건의 기술에 따르면, 콜럼부스와 초기의 탐험가들은 "광대한 대륙에 농경과 수렵을 영위하는 희소한 인구가 거주하고 있음을 알아냈다. … 열대 밀림지역으로부터 북쪽의 얼어붙은 지역에 이르기까지 펼쳐진 누구도 손대지 않은 광대한 대륙의 주민은 백만을 겨우 넘을 것 같았다." 이런 계산은 수천만 명의 주민이 있었던 사실과는 동떨어진 것이며, 또한 그 "광대한" 대륙에는 발전한 문명들이 존재하고 있었지만 모건은 그것을 상관하지 않았다. "학살에 대한 문자 그대로의 부인"은 별로 주목할 가치가 없다. 그것은 별난 일도 아니고 어쩌면 선의에서 나온 것일지도 모른다.[1)]

허먼과 페터슨은 제국주의적 정복의 역사를 연구하는 동안 또

1. 이 지적에 대한 반론은 없었다. 하지만 4개월이 지나(2009. 10. 8) 편집자가 다음과 같은 "설명"을 게재했다 : "에드먼드 모건의 논문집 *American Heroes : Profiles of Men and Women Who Shaped Early America*에 대한 서평에서[*NYR*, 6. 11] 러셀 베이커는 모건이 1958년에 쓴 논문 "The Unyielding Indian"에서 콜럼버스가 도착했을 무렵 북미 대륙의 인구는 백만을 넘지 않았을 것이라고 추산한 점을 지적했다. 그러나 최근 수십 년 동안에 나온 고고학적 증거와 인구학적 연구성과에 의하면 숫자는 그보다 훨씬 많은 1,800만 이상이었을 것으로 추정된다." 그러나 "설명"조차도 모건의 원래 추산보다도 더 설득력이 떨어진다. 베이커가 언급한 지역은 북미 대륙이 아니다(적도 밀림지대로부터 …). 30년 전에는 콜럼버스 도착 당시 북미(NAFTA의 정의에 따르면 멕시코를 포함한)지역의 인구는 수천만을 넘었다는 것이 일반적으로 인정된 숫자였고, 그보다 훨씬 더 많았을 것으로 추정했으며, 미국과 캐나다만 하더라도 천만이 넘었을 것으로 추산됐었다. 그 이전부터도 "인구

하나의 명제를 찾아냈다. 그것은 오바마 행정부의 유엔 대사인 수전 라이스(Susan Rice)가 말한 "대량의 죽음에 직면한 무고한 민간인들을 '보호해야 할 책임'을 인정하는 최근에 형성된 국제적 규범"이다. 그러나 이 규범은 최근에 생겨난 것이 아니며, 다른 명분을 동원할 수 없을 때 폭력적 수단의 동원을 정당화하기 위해 제국주의가 만들어내서 일관되게 적용해 왔던 고상한 규범이라는 사실을 유념해야 한다.

16세기 초 스페인 정복자들은 자상하게도 원주민들에게, 만약 너희들이 "전세계의 지고의 존재이자 통치자로서 교회의 지위를 인정한다면" 우리는 "자비와 사랑으로 너희들을 받아들일 것이고, 아울러 너희와 너희의 아내, 자식들 그리고 너희의 토지를 노예상태에서 벗어나게 해줄 것이다." 나아가 "여러 가지 특권과 면제로 보상해 줄 것이며, 그 밖에도 여러 가지 혜택을 줄 것"이라는 약속을 했다. 이것은 현대적인 용어로 표현하자면 보호해야 할 책임을 다하겠다는 말과 다름없다. 그러나 보호받는 쪽에서도 이행해야 할 의무가 있었으니, 스페인의 인도주의자들은 다음과 같이 엄격한 권

가 희박하고 … 개발되지 않은 세계(미국과 캐나다를 포함하여)에는 진화된 문명이 존재하고 있었다"는 사실이 널리 인정되고 있었다. "설명"은 "학살 부인"을 입증하는 극명한 사례이다.

고를 했다 : "만약 너희들이 [이와 같은 너희들의 의무를 이행]하지 않는다면 우리는 너희의 나라에 무력으로 쳐들어가 우리가 동원할 수 있는 모든 수단과 방법을 이용하여 너희들을 상대로 전쟁을 일으킬 것이다. … 또한 우리는 이 때문에 발생하는 생명과 재산상의 손실은 너희들의 책임이며, 우리의 지도자들이나 우리 자신의 잘못이 아니며 우리와 함께 온 기병이 책임져야 할 일이 아님을 선포한다." 그런데 이 말은 이슬람 과격단체에서 서방 이교도들을 향해 경고하는 예언적이면서도 인도주의적인 발언과 같은 것이다.

훗날 북아메리카에 정착한 영국의 식민주의자들이 스페인 정복자들의 이러한 요구조건을 그대로 되풀이했다. 오늘날까지도 미국은 최소한 자국 내에서는 "언덕 위의 도시", 또는 로널드 레이건의 표현을 따른다면 "빛나는 언덕 위의 도시"라는 찬양을 받고 있다. 영국의 역사학자 조프리 호지슨(Geoffrey Hodgson)은 미국은 "다른 나라와 마찬가지로 위대한 나라 가운데 하나, 그것도 불완전한 나라"라고 묘사했다가 2009년 4월에 진보적인 신문이라고 하는 뉴욕타임스의 칼럼니스트 로저 코언(Roger Cohen)으로부터 훈계를 들었다. 코언의 훈계에 따르면, 호지슨은 미국은 다른 나라와는 달리 "하나의 이상으로서 태어난 나라"이며, 그 "이상"은 미국인의 정신 속에 깊이 뿌리내리고 있는 "영적 개념"인 "언덕 위의 도시"라는 사실을 인식하지 못하는 실수를 저질렀다. 국제관계 연구분야에서

냉철한 현실주의 학파를 창시한 저명한 학자인 한스 모겐소(Hans Morgenthau)가 "미국의 목표"를 논하는 글에서 표현한 바를 인용하자면, 미국이 저지른 범죄는 유감스러운 실수일 뿐, 그 때문에 미국이 갖고 있는 "초월적인 목표"의 근본적인 고상함이 손상되지는 않는다.

스페인인들과 마찬가지로 영국 식민자들도 라이스가 제시한 "최근에 형성된 인도주의적 규범"을 따랐다. 영혼을 울리는 "언덕 위의 도시"란 용어는 1630년에 존 윈스롭(John Winthrop)이 "신이 점지한" 신생국의 영광된 미래를 설명하면서 만들어낸 말이다. 이보다 한 해 전에 매사추세츠 만 식민지는 영국 왕으로부터 특허장을 받고 매사추세츠를 상징하는 문장(紋章)을 제정했다. 문장에는 인디언이 평화의 표시로 창끝을 아래로 향한 채 식민자들에게 "와서 우리를 도와달라"고 호소하는 장면이 그려져 있었다. 특허장은 주민의 개종—가혹한 이교도의 운명으로부터 그들을 구출하는 일—이 "식민지의 주요 목표"라고 규정하고 있다. 영국 식민자들도 원주민을 근절하고 배척하는 것이 인도주의적인 사명이라고 생각했으며, 그들의 후손들은 원주민들을 위해 그렇게 하는 것이라고 믿었다. 한 세기 전 시어도어 루즈벨트는 두 번째로 대통령직을 수행하면서 백인 선교사들에게 "지난 4세기 동안 백인 혈통 또는 유럽인 혈통이 확장되면서 … 이 혈통이 확장된 땅에 이미 살고 있던 사람들 대부분은 영속적인 혜택을 받았다"고 말했다. 그러나 아프리카인, 아메리카 원주민, 필리핀인, 그리고 그 밖의 수혜자들이 처한 상황은 그와는 정반대였다.

학살이란 개념의 통속적 정치화와 인도주의적 개입이라는 "최근에 형성된 국제규범"은 탈냉전 시대의 산물이다. 냉전 시대에 동원되었던 개입의 표준적인 명분은 제거되었지만 냉전 시대에 통상적으로 사용되었던 개입의 제도적·이념적 틀은 그대로 유지되고 있다. 그러므로 허먼과 페터슨이 밝혀내고 있는 바와 같이 "북반구 백인 강대국이 그들의 영향권 안에 들어오는 유색인들을 대상으로 저지르는 범죄 가운데서 '국제정의'라는 기준이 지켜진 적이 한번도 없듯이, 백인들이 저지른 범죄가 아무리 터무니없는 행위일지라도 범죄의 희생자들에게는 '보호할 책임'이라든가 '반드시 처벌받아야 한다'는 고상한 원칙이 적용된 적이 한번도 없다"는 것은 놀라운 일이 아니다.

결론은 60년 전에 이미 내려져 있었다. 국제사법재판소는 1949년 코르푸 해협 사건을 다루면서 재판관 만장일치로 다음과 같은 판결문을 내놓았다 : "무력정책의 표현으로서 이른바 개입권이라는 것은 과거에 심각하게 남용된 사례가 많으므로 국제기구가 어떤 결함을 갖고 있다 하더라도 이것이 국제법으로서 인정될 수는 없고 … , 본질적으로 [개입은] 가장 강력한 국가들만이 행사할 수 있는 것이다. 따라서 정의의 집행 자체를 왜곡시킬 가능성이 매우 높다." 국제법 전문가인 리처드 포크(Richard Falk)는 개입이란 미시시피 강과 같다고 말한 적이 있다. 둘 다가 북에서 시작하여 남으로 흐르니까.

미합중국과 그 동맹국들이 안전보장이사회의 승인을 받지 않은 군사적 개입을 정당화하기 위해 "보호책임"이란 새로운 개념을 제시하자 이를 논의하기 위해 2004년에 UN이 소집한 고위 패널에서도 매우 유사한 결론을 내렸다. 패널은 NATO군이 세르비아를 폭격할 때 내세웠던 "이른바 인도주의적 개입의 '권리'를 부정한" 남미국가 정상회의의 견해를 인용하여 이 논리를 배척했다. UN 패널은 안전보장이사회의 승인이 있을 때만 무력을 동원할 수 있다는 UN 헌장의 정신을 상기시켰고, 헌장 51조에 따르더라도 무장공격을 받은 경우 안전보장이사회가 행동을 취하기 전까지만 방어를 위해 무력을 동원할 수 있음을 강조했다. 일반적으로 헌장 51조는 다니엘 웹스터의 고전적인 표현을 빌리자면 "행동의 필요성이 즉각적이고 압도적일 때, 다른 수단이 없을 때, 숙고할 시간이 없을 때" 무력의 사용을 인정하고 있다고 해석된다. 패널은 "헌장 51조는 오랫동안 적용되어 온 범위를 확대하거나 축소할 필요가 없으며 … 개정하거나 재해석되어서도 안 된다"는 결론을 내렸다. 나아가 패널은 "이런 반응을 수용하려 하지 않는 사람들에게 줄 수 있는 답변은 잠재적인 위협으로 가득 찬 세계에서 전지구적 질서와 그 질서의 바탕이 되는 불개입의 규범을 지키는 것이 (집단적으로 승인된 행동과는 대비되는) 일방적인 예방행위의 합법성보다는 훨씬 중요하다는 것이다. 한 사람에게 그렇게 하도록 허용한다면 모든 사람에게 그렇게 하도록 허용해 주는 것과 같다"고 덧붙여 말했다.

서방세력의 권리를 모두에게 인정해 주는 것은 상상할 수 없는 일이다. 그래서 부통령 조 바이든(Joe Biden)이 (2009년 7월 6일) 이스라엘은 이란을 공격할 수 있는 "주권"을 갖고 있으며, 워싱턴은 "다른 주권국가가 무엇을 할 수 있고 무엇을 할 수 없는지를 지시할 권한이 없으므로" (미국의 장비를 이용한) 그런 행동을 저지할 수 없다고 말했을 때, 이런 발언이 중동지역에서 핵무기로 군림하는 이스라엘의 심각하고도 상시적인 침공의 위협에 맞서 이란도 이스라엘을 공격할 수 있는 "주권"을 갖고 있으므로 미국은 조용히 지켜봐야 한다는 상대적인 의미를 내포하지 않는 것이다. 우리는 투키디데스의 금언을 잊지 말아야 한다 : "이 세상이 존재하는 한 권리란 대등한 힘을 가진 상대들 사이에서만 들먹일 수 있을 뿐이다. 강한 자는 자신이 하고 싶은 대로 행동하고 약한 자는 당하고 있을 수밖에 없다." 국제관계에서는 이것이 행동원칙이다.

오직 전통적인 제국주의 세력만이 라이스가 말한 "최근에 형성된 국제적 규범"을 (내심으로는 선호하는) 옛날 방식을 따라 적용하고 있다. 다시 강조하는 바이지만 이것은 놀라운 일이 아니다. "학살"이란 용어로 말하자면, 그런 날이 올지는 모르겠지만 정직과 성실이 "최근에 형성된 규범"이 될 때까지 사전에서 지워버려야 제일 좋다.

시작하면서

미국의 정책수립 엘리트들은 뇌물과 위협, 경제적 제재, 전복, 테러, 침공, 점령의 수단을 수십 년 동안이나 끊이지 않고 동원해 왔다. 그러나 정책수립 엘리트들의 의식에 못지않게 주목해야 할 것은 기득권 지식인들과 이런 수단이 동원되는 현실을 매일매일 보도하면서 그 결과를 과장하거나 무시하는 뉴스 미디어의 변함없는 인식이다.

제2차 세계대전을 거치면서 미국의 경쟁자와 동맹 모두가 유럽과 아시아에서 몰락하게 되었지만 직접적인 손상을 전혀 입지 않았던 미국은 전후에 세계무대에서 경제 · 정치 · 군사적으로 독특하고도 지배적인 위치에 올라섰다. 1948년 초 조지 케넌이 국무성 정책계획 팀의 요청을 받아 작성한 전후 외교정책 백서에 나오는 유명한 표현에 따르면, "세계 인구의 6.3%에 불과한 미국이 세계 부의 50%를 갖게 되었다."[2] 미국의 지도자들은 이러한 전례 없는 우위가 무얼 의미하는지를 알아차렸고, "[미국은] 이러한 비대칭적 지위를 유지하기 위한" 정책을 수립하고 가능한 모든 수단을 동원하여 미국의 우위를 적극적으로 추구하기 시작했다. 1961년 1월에 아이젠하워 대통령이 언급한 미국의 "군산복합체"는 이제 60년의 연륜을 쌓으면서 전세계에서 군사적 목적으로 지출되는 돈의 절반을 흡수하게 되었다. 전세계에 퍼져 있는 전폭기를 탑재한 이동식 기지를 포함한 미국의 "제국 기지"와 쉼없이 확대되는 NATO 블록의 핵무기 및 재래식 무기는 미국이 제2차 세계대전 동안에 차지하게 된 우월한 지위를 어떻게 확장해 왔는지를 보여주는 증거이자 그것을 떠받치는 기초이다.[3]

2. 이 비망록은 정책계획 팀 책임자(케넌)의 이름으로 1948년 2월 24일자로 국무장관과 차관(Lovett)에게 제출된 *Foreign Relations of the United States*, 1948, Vol. 1, 524에 수록되어 있다(http://images.library.wisc.edu/FRUS/EFacs/1948v01p2/reference/frus.frus 1948v01p2.i0007.pdf).

불균형한 세계 구조를 유지하고 그 과정에서 사업을 해외로 확장하려는 초국가적 기업들의 이익을 챙겨주려던 미국은 독립과 자주, 보다 나은 삶을 요구하는 과거 식민지 국가들의 인민들이 일으킨 수많은 민족주의적 봉기와 마주치지 않을 수 없었다. 이들의 요구를 억누르려는 반혁명적 목표를 달성하기 위해 미국은 통상적으로 현지의 군부 엘리트와 이전 식민지 매판자본과 손 잡고 위협을 파괴하거나 구세력을 복귀시켰다. 국가안보위원회의 표현을 따른다면 이 위협은 "낮은 생활수준을 즉각적으로 개선시키려는 대중의 증가하는 욕구"였다.[4] 부분적인 예만 들더라도 미국이 태국, 베

3. Gabriel Kolko, *The Politics of War : The World and United Sates Foreign Policy, 1943–1945*(New York : Pantheon Books, 1990) ; Joyce Kolko와 Gabriel Kolko, *The Limits of Power : The World and United States Foreign Policy, 1945–1954*(New York : Harper & Row, 1972)를 보라. 미국의 군산복합체에 관해서는 John Bellamy Foster, Hannah Holleman, Robert W. McChesney 공저인 "The U.S. Imperial Triangle and Military Spending," *Monthly Review* 60, 2008년 10월, http://monthlyreview.org/081001 foster-hollemanmcchesney.php.를 보라. 미국의 "제국기지"에 관해서는 Chalmers Johnson, *Nemesis : The Last Days of the American Republic* (New York : Metropolitan Books, 2006)과 Catherine Lutz, ed., *The Bases of Empire : The Global Struggle against U.S. Military Posts*(New York : Pluto Press, 2009)를 보라.

트남, 인도네시아, 필리핀, 남아프리카, 나이지리아의 독재정권과 라틴아메리카의 반(半) 파시스트 "안보국가"를 지원했던 이유는 위협에 대한 이런 인식과 위협을 파괴하려는 목표를 갖고 있었기 때문이다. 오랫동안 지켜본 바와 같이 이런 나라들은 고문을 자행하고 반민주적이었지만 인민 대다수를 정치적 의사표현을 할 수 없도록 원자화하여 공포에 떨게 함으로써 "투자환경"을 개선시켰다.[5] 현지 독재자들이 실권하는 경우 미국의 직접적 군사개입으로 이어지는 경우가 허다했고, 이런 개입은 베트남과 가장 최근에는 아프가니스탄 및 이라크의 경우에서 보듯이 때로는 기록적인 인명과 재산상의 파괴로 귀결되었다. 어떤 추산에 의하면 미국은 1945년부터 2009년 사이에 최소한 29개국에서 "극도로 심각한" 군사적 개입을 실행했다.[6]

4. *United States Objectives And Courses Of Action with Respect to Latin America* (NSC 5432/1), 1954. 9. 3에 수록된 *Foreign Relations of the United States*, 1952-1954, Vol. IV, 81, http://images.library.wisc.edu/FRUS/EFacs2/1952-54v04/reference/frus.frus195254v04.i0009.pdf.
5. Noam Chomsky and Edward S. Herman, *The Washington Connection and Third World Fascism*(Boston : South End Press, 1979) ; Edward S. Herman, *The Real Terror Network : Bloodbaths in Fact and Propaganda*(Boston : South End Press, 1982)를 보라.

이런 퇴행적이고 무제한적인 외교정책의 명분이 투자환경을 개선하는 것이라고 공개적으로 표명된 적은 당연히 한번도 없다. 뿐만 아니라—해외시장의 개방은 이념적 원칙에도 맞는 목표였지만—보다 높은 생활수준을 희망하는 제3세계 대중의 자연스런 요구를 침묵시키기 위한 것이라고 밝힌 적은 더욱이나 없다. 관료들, 기득권 지식인들, 그리고 미디어에서 입버릇처럼 동원하는 수사는 "국가안보"였고, 국가안보의 바탕논리는 냉전체제 하에서 미국만이 "소련의 위협"으로부터 대중과 국가들과 대륙 전체를 보호할 수 있는 능력을 갖고 있다는 것이었다.[7] 이러한 "크레믈린에 있는 인간들이 우리의 전체 안보에 가하는 위협"(케넌의 표현)이란 명분이 도저히 적용될 수 없는 한 편의 희극 같은 경우에도 동원되었다. 1953년 이란에서 모하마드 모사데크 정권을 무너뜨린 CIA가 주도

6. 윌리엄 블럼(William Blum)이 운영하고 있는 웹페이지, "United States waging war/military action, either directly or in conjunction with a proxy army"(최종 접속은 2009. 9), http://killinghope.org/bblum6/us-action.html.를 보라.
7. Noam Chomsky, *On Power and Ideology : The Managua Lectures*(Boston : South End Press, 1987), 특히 1장 "The Overall Framework of Order," 5-26 ; Noam Chomsky, *Deterring Democracy*(New York : Hill and Wang, 1992), 특히 Introduction과 1장 "Cold War : Fact and Fancy," 1-68을 보라.

한 쿠데타와 1954년 과테말라에서 야코보 아르벤츠 정권을 무너뜨린 미국이 고용한 용병들의 침공이 그런 경우이다. 그러나 "위협"을 들먹이는 일은 이 경우와 다른 여러 사례에서 보는 것처럼 냉전이 끝나는 1990년대가 오기 전까지 전후의 제도화된 수법이었다. 이 수법은 거듭될수록 세련되면서 미국이 공격해야 할 대상을 악의 화신으로 만들고 미국은 도덕적으로 우월한 나라이므로 국제법의 적용대상이 아니라는 "예외주의"를 대중에게 널리 주입시켰다. 그 결과가 미국의 외교정책은 그 잔혹성과 탈법성에도 불구하고 정상적인 것이라는 논리이다. 그래서 오늘날에는 미국의 미디어와 지식 엘리트들뿐만 아니라 일반 대중들도 미국이 조종하거나 지원하는 테러리즘, 침공, 인도주의에 반하는 범죄나 심지어 학살에 대해서도 무한정한 포용력을 갖게 된 것이다.

일찍이 1970년대 초에 노암 촘스키와 이 책의 저자 중 한 사람이 함께 당시 미국이 베트남에서 저지르고 있던 범죄행위를 중심으로 대량살상에 관해 연구한 결과를 『반(反)혁명의 폭력 : 대학살의 실상과 선전』이라는 제목의 책으로 발표한 적이 있다.[8] 이 책은 베트

8. Noam Chomsky and Edward S. Herman, *Counter-Revolutionary Violence : Bloodbaths in Fact and Propaganda*(Andover, MA : Warner Modular Publications, Inc., 1973), http://web.archive.org/web/20050313044927/ http://

남(1954-1973)에서 미국이 벌이고 있던 대학살극을 중심으로 그 밖에 필리핀(1898-1973), 태국(1946-1973), 인도네시아(1965-1969), 캄보디아(1965-1973), 동파키스탄(1971), 부룬디(1972)에서 저지른 잔학행위에 관해 다루고 있다. 저자들은 미국은 "압도적으로 우월한 지위와 다양한 반혁명적 수단을 동원하여 제2차 세계대전 이후 벌어진 대학살극들의 가장 중요하고도 유일한 촉발자이자 집행자이며, 이런 행위들의 정신적·물질적 유지자임"을 명백하고도 쉽게 증명할 수 있다고 주장했다.[9] 또한 저자들은 미국의 관료들이 미디어와 기득권 지식인들의 도움으로 일련의 선전활동을 통해 미국이 조종하거나 승인한 폭력행위로부터 미국의 적국의 폭력행위 쪽으로 관심을 유도하는 "잔학행위 관리활동"을 벌이고 있음은 분명하고도 쉽게 증명할 수 있다고 주장했다. 그래서 대학살에서도 선한 것과 악한 것, 무시해야 할 것과 주목하고 의분을 느껴야 할 것이 있게 되었다.

『반(反)혁명의 폭력』은 학살을 "건설적인 학살", "자비로운 학살", "사악한 학살", "가공의 학살"(사악한 학살의 하부 유형)이란 네 가지 유형으로 분류했다. 미국 자신이 자행하거나 미국의 주요 이

mass-multi-media.com/CRV를 보라.

9. *Ibid*., 7.

익에 즉각적인 도움이 되는 것은 건설적인 학살, 미국의 동맹이나 종속국이 수행한 것은 자비로운 학살, 미국의 적대국이 저지른 것은 사악한 학살과 (때로는) 가공의 학살이다. 이런 분류는 부분적으로는 역설적이지만 부분적으로는 설득력이 있다. 『반(反) 혁명의 폭력』의 의도는 학살의 정치학에 숨겨진 핵심을 파악하고 학살 가운데서 일부에게만 악명이 붙게 된 이유를 밝히는 것이었다. 미국의 정치권력과 미디어는 누가 책임져야 하는지에 따라서 학살을 평가해 왔다.

미디어를 포함한 기득권 권력집단은 미국의 베트남 침공을 "침략"이라고 부른 적이 없을 뿐만 아니라, 그 과정에서 일련의 거대한 학살과 살육이 있었던 사실을 부인해 왔다. 그러나 실상은 3백만 명 이상의 사람이 목숨을 잃었고, 그보다 더 많은 사람들이 폭격과 화학전으로 불구가 되거나 다쳤고 토양도 황폐해졌다. 미국과 연관된 학살이 언급된 경우라고 한다면, 미국이 철수한다면 미국 점령군의 협력자들이 "학살"의 위협에 노출될 것이라고 경고한 경우뿐이었다. [오늘날에도 아프가니스탄과 이라크에서 미국의 철수를 요구하는 여론을 잠재우기 위해 동일한 경고가 동원되고 있다. 수백만의 무고한 생명을 이슬람 파시스트인 탈리반(과 알카에다)으로부터 지켜줄 수 있는 존재는 오로지 우리와 카불(과 바그다드)에 있는 우리의 조급한 동맹세력뿐이다.] 베트남의 저항세력이 저지른 살인은 냉혹하고도 불명예스러운 "테러리즘"이란 이름으로 불렸다. 미디어는 전쟁포로가 된 미군을 영웅으로 만드는 선전도구의 역할을 충실히 해냈고,[10] 미국이 저지른 거대한 살인행위에 대한 "국제사회"의 반응은 극도로 무시했다.

베트남전 시기에 미디어가 이를 어떻게 다루었는지를 알 수 있는 단적인 예는 학살을 다룬 이 작은 책이 출판되지 못한 데서 찾을 수 있다. 주요 출판 그룹인 워너 출판사는 이 책이 출판되기 직전에 책의 내용이 불만스럽다 하여 출판을 준비하고 있던 자회사에 압력을 넣었다(자회사인 워너 모듈러는 곧 해체되었다). 1973년에 원고가 출판사에 넘겨진 이 작은 책자는 결국 저자들이 1979년에 내용을 확장하고 제목을 『워싱턴 커넥션과 제3세계 파시즘』이라고 바꾸어 출판함으로써 세상에 나오게 되었다.[11]

초기 저작의 분석틀은 오늘날에도 섬뜩할 정도로 똑같이 적용될 수 있다. "학살"과 대규모 잔혹행위를 다룬 주류학자들의 저작

10. H. Bruce Franklin, *M.I.A. or Mythmaking In America*(New York : Lawrence Hill Books, 1992)를 보라.
11. Chomsky and Herman, *The Washington Connection and Third World Fascism*. 이 책에서는 워너 그룹의 CEO 윌리엄 사노프(William Sarnoff)가 1973년 원판의 출판을 저지한 것을 "사적인 검열의 표본적인 사례"로 지목하고 있다. 이 책의 xiv-xvii를 보라.

은 최근 10년 동안 미국과 NATO 블록이 저지른 침략전쟁을 무시하고 있듯이 1965-1966년에 벌어진 미국의 인도네시아 공격과 인도네시아가 자국 내에서 자행한 학살행위를 교묘하게 감추고 있다.

2003년에 논픽션 분야 퓰리처상을 받은 사만다 파워(Samantha Power)의 『지옥에서 나온 문제 : 미국과 학살의 시대』는 1965-1966년에 인도네시아에서 벌어진 대량살인극에 대해서는 단 한 줄로만 언급하고 곧바로 1975년에 벌어진 인도네시아의 동티모르 침공과 점령을 다루고 있다. 파워는 인도네시아가 동티모르에서 10만에서 20만 사이의 민간인을 살해했고 "미국은 이를 방관했다"고 기술했지만 실제로는 미국, 영국, 오스트레일리아 동맹이 인도네시아의 학살작전에 25년 동안(1975-1999)이나 무기를 제공하고 외교적인 은폐활동을 펼쳤다. 파워는 미국이 베트남과 캄보디아에서 벌인 전쟁과 대량살인극에 대해서는 캄보디아의 크메르 루주 정권 하에서의 생활을 상세히 다룬 장에서 간단하게 기술하고 있을 뿐이다. 파워는 "미국의 B-52 폭격으로 수만 명의 민간인이 죽었고", 이것이 "괴물 같은 정권이 들어서는 데 간접적인 도움을 주었다"고 기술하고 있다.[12] 그러나 "수만 명의 민간인이 죽은" 후에 "괴물 같은 정

12. Samantha Power, *"A Problem from Hell" : America and the Age of Genocide*(New York : Basic Books, 2002), 146-147 ; 94-95.

권"이 들어섰지만 지구의 반대편에서 이 나라로 폭격기를 보낸 정권에 대해서는 단 한마디의 부정적인 형용사도 붙이지 않고 있다.

로이 거터먼(Roy Gutman)과 데이비드 리프(David Rieff)가 쓴 『전쟁범죄』(*Crimes of War*)는 베트남과 인도네시아를 아예 다루지도 않고 있다. 이 책은 전쟁행위, 침략, 반평화범죄, 반인도주의 범죄, 학살, 체계적 강간, 전시범죄 등 일곱 항목에 걸쳐 백과사전식으로 사례를 분류하여 나열하고 있는데, 그 어느 곳에서도 미국이 베트남에서 저지른 범죄나 인도네시아가 자국의 농민들을 대상으로 하여 벌인 범죄에 대해서는 언급하지 않고 있다. 대신에 캄보디아를 다룬 항목에서 전직 뉴욕 타임스 기자이자 할리우드 영화 「킬링필드」의 주인공인 시드니 셴버그가 독자들에게 미국이 1970년에 시하누크 공의 정권을 무너뜨리고 수년 동안 공중폭격과 사실상의 지상침공을 한 결과 크메르 루주 정권이 등장한 "아이러니"를 알려줄 뿐, 이 침략과정에서 일어났던 살상과 파괴에 대해서는 입을 다물고 있다. 크메르 루주는 미국이 1960년대에 캄보디아 폭격을 시작했을 때 "많아야 3천에서 5천 사이의 한 줌의 비효율적인 게릴라 부대"였는데 "5년 후에 프놈펜에 입성할 때는 7만에서 10만 사이의 살인부대로 변모했다"고 강조하고 있다.[13]

아리에 나이어(Aryeh Neier)가 쓴 『전쟁범죄』(*War Crimes*)도 미국의 베트남과 캄보디아 침공에 대해서는 간략하게 언급하고 인도네시아판 킬링필드에 대해서는 아예 언급도 하지 않는다. 나이어는 베트남을 1968년 미라이 촌 학살사건이 벌어진 무대로만 표현하고 있다.[14] 국제법 전문가이자 UN 시에라리온 특별법정의 판사를 지낸 조프리 로버트슨(Geoffrey Robertson)은 세계인권선언의 채택(1948), 학살방지 회담(1948), 네 차례의 제네바 회담(1949) 이후의 "불명예의 30년"을 논하는 글에서 20년간 계속된 베트남전을 언급하면서 "미국이 가톨릭 독재자 고 딘 디엠을 지지한 것은 유감스러운 실수"(원문 그대로 인용)[15]라고만 말할 뿐이다. 그도 나이어와 마찬가지로 미라이 사건 같은 "몇 가지 충격 가혹행위"가 "눈에 띈다"고만 표현하고 있다.[16]

13. Roy Gutman, David Rieff, Anthony Dworkin, eds., *Crimes of War 2.0 : What the Public Should Know*(New York : W.W. Norton, 2007) ; Sydney Schanberg, "Cambodia," 78–79. 또한 Crimes of War Project의 웹사이트 http://www.crimesofwar.org를 보라.
14. Aryeh Neier, *War Crimes : Brutality, Genocide, Terror, and the Struggle for Justice*(New York : Times Books, 1998), 93–95.
15. 디엠(Diem)은 실제로 미국이 발굴하여 남부 베트남의 권좌에 앉혔고 또한 미국이 1963년까지 그의 공포정치를 적극적으로 지원했던 사실에 비추어 본다면 로버트슨이 사용한 "실수"라는 단어는 사실을 왜곡하고 있다. George McT. Kahin, *Intervention*(New York : Alfred Knopf, 1986), 78ff.를 보라.

베트남과 인도네시아는 CNN의 수석 특파원 크리스티안느 아만푸르(Christiane Amanpour)가 제작한 다큐멘터리 『피비린내 나는 살인의 비명』(*Scream Bloody Murder*)에서도 "전세계에서 벌어진 학살"의 한 사례로 간단하게 언급되고 있다. 그러나 아만푸르가 말한 "세계"란 정치적으로 수용될 수 있는 사례, 다시 말해 사악한 학살—나치 치하의 독일, 크메르 루주 치하의 캄보디아, 사담 후세인 치하의 이라크, 1992년에서 1955년 사이의 보스니아와 헤르체고비나, 1994년의 르완다, 그리고 최근의 다르푸르—에만 국한되고 있다.[17) 미국에 본부를 둔 학살방지 태스크포스(Genocide Prevention Task Force)가 2008년 12월에 발행한 『학살방지』[18)란 보고서에서도 베트

16. Geoffrey Robertson, *Crimes Against Humanity : The Struggle for Global Justice*(New York : The New Press, 2000), 41-42. 여기서 우리는 로버트슨이 히로시마와 나가사키 원폭투하를 옹호했음을 덧붙이고자 한다. 그는 원폭투하가 "전쟁을 더 빨리 끝내고 많은 생명을 구하기 위한 군사적 필요 때문이었다"고 주장한다(187). 그리고 이 책의 끝에서 두 번째 장 "The Guernica Paradox"에서 로버트슨은 "인도적인 폭격"(Bombing for Humanity)이라는 말을 만들어냈는데, 이 말은 모든 침략세력으로부터는 따뜻한 환영을 받을 수 있을 것이다(401-436).
17. Christiane Amanpour, *Scream Bloody Murder*, CNN(2008. 12. 4).
18. Madeleine K. Albright and William S. Cohen, *Preventing Genocide : A Blueprint for U.S. Policymakers*(Washington D.C. : United States Holocaust

남과 인도네시아는 주목할 만한 사례로 거론되지 않고 있다.

요컨대, 베트남과 인도네시아라는 거대한 킬링필드는 1973년에도 건설적인 학살로 분류되었고 지금까지도 여전히 그러하다. 아래에서 보게 되겠지만 다른 학살도 동일한 정치적 편견과 필요에 따라서 분류되고 있다. 미국 정부와 사이공과 자카르타의 대리 정권은 이러한 대량 잔혹행위의 범죄자이지만 희생자들은 인정된 적이 거의 없으며 가해자들이 처벌받은 적도 없다(전모가 다 드러난 미라이 촌 학살의 경우에만 하급 장교 한 사람만 처벌되었다). 가장 심각한 범죄인 베트남과 캄보디아 및 라오스에 대한 미국의 침공, 남부 베트남 주민들을 대상으로 한 미국의 학살, 인도네시아의 인도네시아 농민들을 대상으로 한 1965-1966년의 학살과 동티모르인들을 대상으로 한 1975년 이후의 학살은 서방세계의 인도주의적 관심의 대상이 되지 못했고, 서방세계가 강조하는 "국제적 정의"의 범주에서도 제외되었다.

Memorial Museum, 2008), http://www.usip.org/genocide_taskforce/report.html. 이 보고서는 인도네시아에 관해서는 스쳐가듯 언급하고 있다—국제개발처(USAID)가 "아체지역에서 중재활동을 했고"(40), 워싱턴은 자카르타가 동티모르에서 지나친 행동을 하지 못하도록 만류했다(56, 70). 그러나 인도네시아가 1960년대에 벌인 대량 살육에 대해서는 전혀 언급하지 않고 있다.

민간인을 "학살, 전쟁범죄, 인도주의에 반하는 범죄, 인종청소"로부터 "보호해야 할 책임"이 UN 총회에서 만장일치로 채택되고[19] 국제형사법정(International Crime Court)을 탄생시킨 로마 장정(章程)의 전문이 이 형사법정에 "인간의 양심에 깊은 충격을 주는 잔학행위"의 "집행자들에 대한 불처벌을 종식시키는" 권한을 부여하는[20] 등, 인권침해에 대해 고도로 민감한 시대에 살고 있다고 자처하는 우리로서는 이처럼 고도로 정치화된 학살 평가기준은 일종의 유머

19. 여기서 인용한 부분은 2005년 9월 15일 UN 총회, 2005 World Summit Outcome 문서(A/RES/60/1) 중 "Responsibility to Protect"(138-139)에 포함되어 있다. http://www.unfpa.org/icpd/docs/2005summit_eng.pdf. 복잡하기는 하지만 정확한 원문은 다음과 같다 : "국제사회는 UN 헌장 제6장과 제8장의 정신에 따라 UN을 통해 적절한 외교적·인도주의적·기타 평화적 수단을 사용하여 인구를 학살, 전쟁범죄, 인종청소, 그리고 인도주의에 반하는 범죄로부터 보호할 책임도 갖는다. 이러한 정황에서 평화적 수단으로는 충분하지 않고 국가기관이 인구를 학살, 전쟁범죄, 인종청소, 그리고 인도주의에 반하는 범죄로부터 보호하지 못할 때 UN 헌장 제7장을 포함하는 헌장정신에 따라 안전보장이사회를 거쳐, 사안별로 필요한 경우 관련 지역조직과 협력하여 우리는 적절한 시기에 결정적인 방식으로 집단적인 행동을 할 준비가 되어 있다"(139).

20. 1998년 7월 17일 채택된 국제형사법정의 로마 장정 전문을 보라. http://untreaty.un.org/cod/icc/index.html.

처럼 들린다.

국제형사법정이 2009년 중반에 내린 14건의 판결 전부가 아프리카 세 나라(콩고민주공화국, 우간다, 수단[21])의 유죄를 인정하면서도 살인행위의 가장 활발한 2인방이라고 할—그러나 서방세계의 매우 충실한 하수인인—우간다의 요웨리 무세베니(Yoweri Museveni)와 르완다의 폴 카가메(Paul Kagame)를 교묘하게 제외한 것은 "불처벌의 종식"과 짝을 이루는 기막힌 우연이라 할 것이다. 특히 카가메는 서방세계 대부분으로부터 칭찬을 받고 있고, 여러 차례 미국을 방문할 때마다 위대한 정치가이자 해방자로서 융숭한 대접을 받았으며, 진보적인 잡지 『뉴요커』의 표현을 빌리자면 르완다를 방문한 "전세계—특히 미국의—권력 엘리트들"이 그의 "친구가 되고 부엌 내각을 구성하여 조언자가 되었다" [그가 맞이한 귀빈들은 빌 클

21. 국제형사법정, "Situations and cases"(최종 접속은 2009. 9), http://www.icc-cpi.int/Menus/ICC/Situations+and+Cases. 14건의 기소와 체포영장 가운데서 5건은 우간다의 반란군 조직인 주의 저항군(Lord's Resistance Army, 우간다의 반군단체)의 우간다인 지도자들에 대한 것이고(피고인 한 명은 그 후 사망), 5건은 콩고민주공화국 국적을 가진 인물에 대한 것이며, 3건은 다르푸르에서 정부의 반폭동작전을 지휘한 수단 국적을 가진 인물에 대한 것이며(수단 대통령 알-바시르 포함), 나머지 한 건은 반군조직인 통일저항전선(United Resistance Front)에 관계된 수단 국적자에 대한 것이다.

린턴, 릭 워렌(Rick Warren) 목사, 구글의 CEO 에릭 슈미트(Eric Schmidt), 하버드 비즈니스 스쿨의 마이클 포터(Michael Porter) 등이었다.[22] 카가메는 또한 아만푸르가 제작한 『피비린내 나는 살인의 비명』에 정중한 대접을 받으면서 게스트로 출연했다.

구 유고연방 범죄처리 국제재판소(International Criminal Tribunal for the Former Yugoslavia)와 르완다 범죄처리 국제재판소(International Criminal Tribunal for Rwanda)의 규정과 마찬가지로 국제형사법정의 장정에도 침략범죄가 판결대상에서 제외되어 있음은 주목할 필요가 있다. 뉘른베르크 전범재판에서는 침공범죄가 "국제적 범죄일 뿐만 아니라 그 자체가 모든 악의 집합체로서 다른 전쟁범죄와 구분되는 **최고의 국제적 범죄**"로 처단되었다.[23] 국제사면위원회(Amnesty International)나 휴먼 라이츠 워치(Human Rights Watch) 같은 인권단체들도 침공범죄를 감시대상에서 제외하고 있다. 미국과 영국

22. Philip Gourevitch, "The Life After," *New Yorker*(2009. 5. 4)를 보라. 또한 본서 제4절 "르완다와 콩고민주공화국"을 보라.
23. *Final Judgment of the International Military Tribunal for the Trial of German Major War Criminals*(1946. 9. 30), http://avalon.law.yale.edu/subject_menus/judcont.asp. 구체적으로는 "The Common Plan or Conspiracy and Aggressive War," http://avalon.law.yale.edu/imt/judnazi.asp#common을 보라.

이 2003년 3월에 이라크 침공을 준비하고 있을 때 휴먼 라이츠 워치는 전쟁과 평화의 문제에 대해서는 중립을 지키는 것이 이 단체의 공식입장이라고 발표했다. 휴먼 라이츠 워치는 "전쟁으로 갈 것인지 말 것인지의 결정에 대해서는 평가하지 않으며", 미국과 영국이 "이라크와 벌이려는 전쟁을 지지하지도 반대하지도 않는다. 우리는 전쟁으로 인해 이라크와 인접국의 민간인들이 입게 될 피해와 미국 또는 그 동맹의 민간인들이 입게 될 피해 중에서 어느 쪽이 더 크고 작은지에 대해서는 의견을 표명하지 않을 것이며, 또한 우리는 조지 부시 대통령이 제시한 '선제적 자위'의 원칙이나 UN 안전보장이사회의 전쟁 승인 여부를 둘러싼 첨예한 논쟁에 대해서는 의견을 표명하지 않겠다"고 밝혔다.[24)]

이러한 위장 "중립"은 미국과 미국의 하수인은 오랫동안 여러 차례 침공행위를 자행하면서도 완벽한 면죄부를 받아왔고, 이라크

24. "Human Rights Watch Policy on Iraq," 날짜 미상 문서, 2002년 말 또는 2003년 초로 추정, http://www.hrw.org/legacy/campaigns/iraq/hrwpolicy.htm을 보라. Human Rights Watch의 비판에 관해서는 Edward S. Herman, David Peterson, George Szamuely et al., "Human Rights Watch in Service to the War Party," *Electric Politics*(2007. 2. 26), http://www.electricpolitics.com/2007/02/human_rights_watch_in_service.html을 보라.

침공에서도 미국과 미국의 제일 하수인이 최고의 국제범죄와 그것에 이어질 대량 잔혹행위의 범죄혐의로부터 자유롭기를 원했기 때문이었다. "국제적 정의"가 이런 원칙에는 적용되지 않는—그리고 기득권 미디어와 지식인들이 이를 수용하고 있다는—사실은 제도가 힘 있는 자의 필요에 멋지게 순응하고 있는 현실을 분명하게 보여준다.

국제형사법정의 장정은 물론 그 실제 판결내용도 유고슬라비아와 르완다 문제를 처리하기 위해 임시로 설치된 재판소의 그것보다 나을 게 없었다. 국제형사법정 역시 선택적인 조사와 선택적인 기소를 하였고, 그럼으로써 선택적인 면죄부를 주었다.

강대국이 벌인 반평화범죄, 반인도주의 범죄, 전쟁범죄, 인종청소 및 학살의 역사는 제국주의적 설계의 중심에는 인종차별주의가 자리 잡고 있음을 보여준다. 제국주의적 설계의 중심에는 항상 백인 유럽인이나 미국인이 자리 잡고 있었고, 그들의 희생자는 언제나 유색인이었다. 서반구 세력이 수십 년에 걸쳐 원주민들을 청소할 때 도덕적으로 각성되었다는 기독교 세계 내부로부터의 반대는 아주 미미했다. 아프리카 노예무역은 노예를 포획하고 대서양을 건너 수송하는 과정에서 이미 수백만이 목숨을 잃는 결과를 낳았고, 살아남은 자들도 처참한 지경에 빠졌다. 존 엘리스(John Ellis)는 아프리카 내부에서도 꾸준하게 벌어지고 있는 흑인 아프리카인들에 대한 학살과 강요된 굴종도 역시 "백인의 천부적인 우월성에 대한 맹목적인 신념을 바탕으로 하고 있다. … 이것은 제국주의적 태도의 반석이며" 대량살육이란 사업이 "도덕적으로 허용될 수 있게 해주는" 핵심 요소라고 하였다. "최고로 선량한 유럽인일지라도 그들에게 살육당한 사람들에 대해서는 유쾌한 멸시감 이상을 느끼지 않는다."[25] 이러한 정신적 형질 때문에 인종차별주의를 신봉하는 야만인들이 우월한 무기와 탐욕 및 잔인성을 바탕으로 하여 "무자비한 인디언 야만인들"(독립선언서에 나오는 표현이다)을 정복하고 파괴하며 멸종시킬 수 있었다.

오늘날의 지배구조는 5백 년이나 5천 년 전보다 더 복잡해졌겠지만 작동원리는 변함이 없다. 힘 있는 침략자가 자신의 가장 추악한 면을 희생자에게 투사하며("테러리스트", "호전주의자", 종교적 "파시스트", "인종청소부"는 24시간 뉴스에 나오는 말이다) **조국수호**의 명분으로 지구를 반 바퀴나 돌아가 살인을 한다. 희생자의 악마화와 잔학행위의 관리는 과거 어느 때보다 중요한 과제가 되었고, 이를 통해 제국주의 국가의 시민들에게 왜곡된 정보를 제공함으로써 시민들이 일급의 잔학행위를 지지하게 오도한다. "백인의 부담"에서 시

25. John Ellis, *The Social History of the Machine Gun*(New York : Pantheon, 1973), 101.

작하여 선택적인 "인권"과 "국제적 정의"로 나아간 길은 오늘날 그 길을 따라 걷고 있는 사람들이 믿고 싶어하는 것보다 훨씬 더 직선이었다. 서방의 "진보주의자들"도 그들의 상대편에 서 있는 우파들과 함께 같은 깃발을 따라가고 있다.[26] 피로 물든 자산을 물려받고서 "우리는 변화를 믿는다"는 새로운 상표를 붙여보았자 이런 구호는 한순간에 날아갈 수 있다.[27]

뉴욕 타임스의 보도에 따르면, 버락 오바마 대통령이 임명한 UN 주재 대사 수전 라이스는 오래 전부터 "대량살상"과 "학살에 대한

26. Richard Seymour, *The Liberal Defense of Murder*(New York : Verso, 2008)을 보라.

27. 뉴햄프셔 대학의 해럴드(Marc W. Herold)는 이렇게 말했다 : "오바마의 펜타곤은 부시의 펜타곤이 2008년에 저질렀던 것보다 더 지독한 짓을 아프가니스탄 민간인들에게 했다. 비교대상인 몇 개월 동안 278-343명의 아프가니스탄 민간인이 미국/NATO군의 손에 목숨을 잃었지만 오바마 팀이 들어선 후 비교대상인 몇 개월 동안 민간인 사망자 수는 620-630명이다"["Afghanistan : Obama's unspoken tradeoff," *Frontline*(India), 2009. 8. 29-9. 11, http://www.hinduonnet.com/fline/stories/20090911261813000.htm]. 해럴드는 오바마 행정부가 들어선 후 두 가지가 변했다고 지적한다 : 미국-NATO군의 공격수단은 공중공격으로부터 지상군으로 옮겨갔다. 그리고 "전쟁의 얼굴"이 신뢰도가 현저히 떨어지는 조지 W. 부시로부터 말솜씨가 좋고 미국 진보파의 이미지를 가진 인물로 바뀌었다.

'극적인 대처'를 옹호"해 왔다고 한다. 많은 동시대인들과 마찬가지로 라이스는 "무고한 민간인들이 대량살상될 위기에 직면했으나 국가가 그들을 보호할 수 없거나 보호할 의지가 없을 때 이들을 '보호할 책임'을 인정하는 것이 새로운 국제규범"이라고 믿고 있다. 그녀는 여기에 덧붙여 "학살의 경우에는 국제적 보호책임보다 더 중요한 것은 없다"고 하였다. 그러나 다른 미국의 정책수립 엘리트들과 마찬가지로 라이스가 말하는 규범이란 것이 오직 한 방향으로만—워싱턴으로부터 나머지 세계로, 미국이 핵심 입법자이자 집행자이며 판사이자 배심원의 역할을 맡은 채— 작동하는 것이 아닌지는 검증된 적이 없다. 2009년 1월 라이스는 안전보장이사회에서 행한 취임연설을 통해 "국제사회는 국가가 의지와 수단을 갖고 있지 않을 때 국제적 인도주의법의 위반으로부터 민간인을 보호해야 할 책임을 갖고 있다"고 하였다. 그녀는 콩고민주공화국, "반군이 오랫동안 민간인에게 테러를 가해온" 우간다, 그리고 "학살이 일어난 다르푸르의"에서 "500만 명"이 살해되었다고 지적하면서 "미합중국은 인권을 보호하고 국제적 인도주의법 위반을 종식시키기 위해 UN과 더불어 전세계에서 일관된 노력을 해왔다"고 말했다.[28)]

28. Peter Baker, "Obama's Choice for UN Is Advocate of Strong Action Against Mass Killings," *New York Times* (2008. 12. 1) ; Susan E. Rice,

라이스가 제시한 중부 아프리카에서 보호책임의 적용대상이 되는 인구목록에는 미국의 하수인인 무세베니와 카가메가 걸어온 길에 풍성하게 널려 있는 시체의 주인공들은 포함되지 않고 있음을 주목해야 한다. 이 두 사람은 1996년부터 그들 사이에 위치한 콩고민주공화국을 잘라 나누어 가지면서 "다르푸르의 학살"보다 15배나 많은 사망자를 만들어냈다. (다음에 나오는 "르완다와 콩고민주공화국"을 보라. 또한 이 책의 "결어"부분을 보라.) 덧붙일 필요도 없겠지만 라이스는 자신을 임명한 정부가 국제적 인도주의법과 UN 헌장을 위반해 온 사실에 대해서는 아무런 인식도 보여주지 않았다. 라이스가 말하는 "민간인 보호책임"은 그녀가 복무하는 정부에 의해 희생당한 사람들에게는 적용되지 않을 따름이다.

지난 30년 동안 대규모 잔혹행위의 주요 무대 가운데 하나였던 이라크가 어떻게 최근에 등장한 보호책임의 적용대상에 들게 되었는지를 생각해 보라. 보호책임 지지론자들의 표본적인 견해가 국제보호책임연합(International Coalition for the Responsibilty to Protect)의 그것이다. 보호책임 국제동맹은 미국-영국군의 이라크 침공은 "인도

"Why Darfur Can't Be Left to Africa," *Washington Post*(2005. 8. 7) ; Susan E. Rice, "Respect for International Humanitarian," USUN 보도자료 #020, 미국무부(2009. 1. 29).

주의적" 기준에서 볼 때 정당화될 수 없다고 주장한다. "1980년대와 1990년대에 이라크에서 대규모의 인권침해가 있었지만 2003년 군사개입이 있던 무렵에는 이와 같은 범죄행위는 일어나지 않고 있었고 일어날 것 같지도 않았다." 이런 이유 때문에 침공은 "군사적 개입을 정당화할 수 있는 [보호책임의] 기준을 만족시키지 못했다."[29]

우리는 이 주장이 고려대상에 포함시킨 요소와 그렇지 않은 요소 모두가 주목할 가치가 있다고 본다. 국제동맹은 문제가 되는 것은 이라크 정부가 "2003년 군사개입이 있던 시점에서 … 대규모 인권침해 행위"를 저지르고 있었던가 하는 점이라고 판단하고 있다. 국제동맹은 미국과 영국이 "대량파괴를 유도하는 봉쇄"(1990–2003) 조치를 취한 기간 동안에 일어난 대규모 인권침해 행위에 대해 책임져야 하는지에 대해서는 문제를 제기하지 않았고, 양국이 이라크를 침공하면서(2002–2003년 초) 더 잔혹한 인권침해 행위를 하기 일보 직전까지 갔다는 점에 대해서도 문제를 제기하지 않았다. 또한 2003년 3월 19일 이후로는 실제로 대규모 인권침해 행위를 저질러

29. 국제보호책임연합(International Coalition for the Responsibility to Protect), "Iraq War," 날짜 미상, http://www.responsibilitytoprotect.org/index.php/middle-east#1._the_iraq_war를 보라.

백만 명의 이라크인들이 목숨을 잃었고 수백만 명의 이라크인들이 고향에서 쫓겨난 사실에 대해서도 문제를 제기하지 않았다. (다음에 나오는 "이라크 침공-점령"을 보라.) 보호책임 지지론자들은 21세기의 첫 10년 동안에 이처럼 전세계에 걸친 엄밀한 검사를 거쳐 미국-영국의 이라크 침공은 이라크 정권으로부터 이라크인들을 보호했다는 주장을 마음대로 내놓을 수 있었다. 그러나 보호책임 지지자들은 미국-영국 침략자들로부터 이라크인들을 보호하기 위한 군사개입의 필요성에 대해서는 언급조차도 할 수 없다. 미국과 동맹국이 외국인을 충분히 죽이지 않았던 유일한 이유는 보호책임과 국제형사법정을 지지하는 사람들이 (보호책임과 형사법정의 이름으로) 그들의 행동을 제재할 수도 있다는 우려 때문이었다.

이것이 의미하는 바는 보호책임과 국제형사법정 지지자들은 가해자가 누군지에 따라 희생자를 변호하기도 하고 그렇지 않기도 하다는 것이다. 가해자가 수단 정부, 우간다 반군, 콩고민주공화국이나 중앙아프리카 공화국의 비정부단체이면 관심을 기울일 대상이 되고, 희생자들이 겪는 고통은 문제가 되며, 미국 대사는 세계를 향해 가해자들을 비난하게 된다. 그러나 가해자가 우간다 인민방어군이거나 르완다애국전선이면 희생자들은 관심의 대상이 될 가치가 없는 무리로 분류되고, 최상의 경우라야 잠간 스쳐가는 언급의 대상이 될 뿐이다. 더 충격적인 것은 팔레스타인, 아프가니스탄과 이라크 및 파키스탄의 미군 작전지역의 희생자들에 대한 보호책임은 해당국 정부의 몫이며, 결국 그것은 라이스를 임명한 그 정부로부터 희생자들을 보호해야 한다는 사실을 의미한다.

2009년 7월 23일 니카라과의 가톨릭 신부이자 당시 UN 총회 의장을 맡고 있던 미구엘 데스코토 브로크만(Miguel d'Escoto Brockmann)은 UN에서 열린 "보호책임"을 논제로 한 3일 동안의 "주제토론"을 주재했다.[30] 토론회에 초대받은 발표자들은 미국의 노암 촘스키, 벨기에의 장 브리몽(Jean Bricmont),[31] 보호책임론의 강력한 비판자 두 사람, 그리고 오스트레일리아의 가렛 에반스(Gareth Evans)였다.

보호책임론의 논리를 만들고 UN의 의제로 올리는 데 가장 큰 공헌을 한 사람이 에반스였다. 그는 2008년에 보호책임론에 관한

30. 2009년 7월 23일, UN 총회의 Interactive Thematic Dialogue of the United Nations General Assembly on the Responsibility to Protect를 보라. 여섯 명 발표자의 발표자료는 http://www.un.org/ga/president/63/interactive/responsibilitytoprotect.shtml에서 볼 수 있다. 또한 *Implementing the responsibility to protect : Report of the Secretary-General* (A/63/677), 2009. 1. 12, http://www.un.org/ga/search/view_doc.asp?symbol=A/63/677&Lang=E를 보라.

31. Jean Bricmont, *Humanitarian Imperialism : Using Human Rights to Sell War*, Diana Johnstone 번역(New York : Monthly Review Press, 2006)을 보라.

저서를 냈고,[32] 뉴욕 시티 대학 부설 보호책임 글로벌센터(Global Center for the Responsibility to Protect)의 국제자문위원회 공동의장이며, 개입과 국가주권국제위원회(International Commission on Intervention and State Sovereignty)의 공동의장을 지냈고[이 국제위원회는 2001년에 『보호책임』(*The Responsibility to Protect*)[33]이란 보고서를 발간했고 이후로 이 용어가 보편화됐다], 국제위기 그룹(International Crisis Group)의 공동의장을 지냈다.

에반스의 화려한 직함들보다 더 주목해야 할 것은 그가 오스트레일리아 외무장관(1988-1996)을 지냈다는 사실이다. 1989년에 오스트레일리아 정부는 인도네시아와 티모르 갭 오일조약을 체결했고, 이 조약에 따라 오스트레일리아 기업이 석유 매장량이 풍부한 "인도네시아령 동티모르"에서 석유를 시굴할 수 있는 권리를 확보했다. 이 조약을 체결하는 데 주도적인 역할을 한 인물이 당시 오스

32. Gareth Evans, *The Responsibility to Protect : Ending Mass Atrocity Crimes Once and For All*(Washington, D.C. : Brookings Institution Press, 2008)을 보라.
33. Gareth Evans, Mohamed Sahnoun 편저, *The Responsibility To Protect*, 개입과 국가주권국제위원회(International Commission on Intervention and State Sovereignty)의 보고서(Ottawa : International Development Research Centre, 2001), http://www.iciss.ca/menu-en.asp를 보라.

트레일리아 외무장관이던 에반스였다. 에반스는 1975년 인도네시아의 불법적 동티모르 점령을 승인한 소수의 국가 그룹에 오스트레일리아의 이름을 올렸다. "인도네시아의 동티모르 침공과 점령의 결과로" 20만 명의 동티모르인이 목숨을 잃었다. 이 숫자는 "동티모르 전체 인구의 약 1/3에 해당하며, 비율로 본다면 폴 포트 정권하에서 목숨을 잃은 캄보디아 희생자 수보다 많다."[34)]

UN 총회 발표를 앞두고 마련된 기자회견에서 한 기자가 가렛 에반스에게 보호책임론 지지자들은 보호책임 행위의 궁극적 단계인 군사개입을 권고할 때 지켜야 하는 "가이드라인"이 무엇이라고 생각하는지 물었다. 기자는 이렇게 질문했다 : "보호책임이 남용되지 않는 범위는 어디까지입니까? 예상되는 최악의 범죄행위를 어떻게 정의하실 겁니까?"

에반스의 답변은 이랬다 : 보호책임의 원칙은 "학살, 전쟁범죄, 인도주의에 반하는 범죄, 인종청소 등 본질적으로 인간의 양심에 반하는 모든 범죄행위에 적용되며, 그런 범죄행위의 규모에 따라 예방적으로 적용할 것인지 사후적으로 대응할 것인지 선택해야 할 것입니다 … ."

34. 여기서 인용한 초록은 John Pilger의 다큐멘터리 『한 민족의 죽음』(*Death of a Nation : The Timor Conspiracy*, 1994, David Munro 감독)에 나온다.

에반스는 또한 이렇게 덧붙였다 : "여기서 엄밀한 숫자를 가지고 말하기는 불가능합니다. 희생자의 숫자가 수만 명이 될 수도 있고, 수십만 명이 될 수도 있으며, 어떤 경우에는 수백만 명이 될 수도 있습니다. 어떤 경우에는 숫자가 훨씬 적을 수도 있습니다. 우리는 스레브레니카에서 벌어졌던 학살을 선명하게 기억하고 있습니다. 어떤 이는 그곳에서 살해당한 사람들의 숫자가 백만 단위라고 하고, 어떤 사람은 7, 8천 명이라고 말합니다. 1999년 코소보의 라차크 마을에서 살해당한 45명이 국제사회가 이 사건에 보여준 반응을 유발할 만큼 충분한 숫자였을까요?"

에반스의 결론은 다음과 같았다 : "요점은 숫자에 너무 매달리지 말라는 겁니다. 숫자에 따라 분노의 크기를 조절해서는 안 됩니다. 내 생각으로는 어떤 역치(閾値)를 넘어서면 사람들은 어느 방향으로든 대응책을 결정해야 할 양심의 충격을 받게 됩니다. … 쿠키를 자르듯 명확한 기준은 없습니다. 당신은 어떤 숫자든 택할 수 있습니다."

노암 촘스키가 그의 말을 되받았다. "대응책을 조절하는 방법이 있습니다. 내가 아닌 다른 사람의 범죄, 특히 적의 범죄일 때는 우리는 극도로 분노합니다. 그러나 그것이 우리 자신의 범죄일 때는 분노를 다스리기도 하고 부인할 수도 있습니다. 이 방식은 100% 정확하게 작동합니다."[35]

"쿠키 자르기식 접근방법"을 설득력 있게 보여준 사람은 다름 아닌 가렛 에반스 자신이었다. 그는 세르비아 군대로부터 공격받은 라차크와 스레브레니카는 보호책임의 원칙을 적용해야 할 대상으로 지목했지만 인도네시아가 침공하고 점령한 동티모르, 이스라엘의 침공을 받아 굶주리는 가자지구, 또는 미국과 그 동맹의 공격을 받아 나라 전체가 상처받고 있는 아프가니스탄과 이라크는 지목하지 않았다.[36)]

35. 인용된 초록은 2009년 7월 23일자 UN의 52분짜리 보도자료 "Responsibility to Protect"의 41분 45초 부분부터 나온다. http://webcast.un.org/ramgen/onde mand/pressconference/2009/pc090723pm.rm.
36. 가렛 에반스(Gareth Evans)는 저서에서 2008년 중반 현재로 "[보호책임의] 대상 명단에 오를 … 가장 유력한 후보는 … 버마(미얀마), 부룬디, 중국, 콩고, 이라크, 케냐, 스리랑카, 소말리아, 수단, 우즈베키스탄, 짐바브웨라고 지목했다"(*The Responsibility to Protect*, 76). 에반스는 이 11개 나라를 보호책임의 대상 후보로 선정한 이유를 밝히지도 않았고 어떤 희생자가 어떤 가해자로부터 보호받을 필요가 있는지도 밝히지 않았다. 또한 에반스는 이라크를 언급할 때 이전부터 2003년의 미국-영국의 침공은 "인도주의적 관점에서" 정당화될 수 없다고 주장하면서도 그것이 우연"이었다고 덧붙였다. ["이 전쟁은 인도주의적 입장에서는 정당화될 수 없다," *Financial Times*(2003. 5. 15)] 그러나 국제보호책임연합(앞의 주 27을 보라)과 기타 여러 보호책임 지지론자들이 주장하듯 에반스가 제기하는 유일한 문제는 이라크가 겪고 있는 폭력의 고통이 현재 진행 중인 외국 군대의 이라

우리가 보기에 에반스의 "쿠키 자르기"는 주류 기득권 체제가 통상적으로 채택하는, 역치와도 상관없고 본질적으로 인간의 양심에 반하는 사건과도 관계가 없는 방식이다. 누가 어떻게 누구에게 가해했느냐가 기준이며, 덧붙여 말하자면 누가 힘을 갖고 있느냐가 문제가 될 뿐이다.

이제부터 우리는 건설적이고 자비로우며 사악한, 가공의 학살의 구체적인 양상과 그 차이가 무엇인지 살펴보자.

크 점령을 보호책임론적 입장에서 정당화할 수 있는 수준에 이르렀느냐는 것뿐이다. 이라크인들 자신이 미국과 영국의 이라크 침공-점령을 통해 보호받아야 할 필요가 있다고 생각했느냐는 문제는 제기된 적이 없다. 미국과 위대한 서방 강대국이 비서방 가해자들로부터 보호할 책임을 지고 있다는 보호책임론 지지자들의 논리는 그들 자신의 믿음일 뿐이며, 미국과 미국의 서방 동맹국이 가해자인 경우 희생자들은 의지할 곳 없이 침묵하거나 아니면 저항할 경우 테러리스트란 칭호를 받게 된다. 여기서 분명하게 드러난 편향성은 뿌리가 깊다.

건설적인 학살

13년 동안 지속된 이 대량살상 행위는 건설적이었다. 수십만 명의 이라크인 희생자들은 공식적으로 인정할 만한 가치가 없었으며, 따라서 기득권 미디어와 지식인들의 관심사항이 아니었다. "대량파괴의 제재"로 수많은 사람들이 목숨을 잃은 사실은 기득권 집단이 흔히 말하는 대로 이 "학살의 시대"에 학살의 범죄에 대응하는 과정에서 발생한 미국의 "실수" 축에도 끼지 못했다. 뿐만 아니라 미국이 방관자가 아니라 집행자인 경우에는 책임을 따지려는 시도조차 없었다.

1. 이라크 제재-정권 죽이기

희생자의 숫자로 보거나 정책수립자들이 그들의 정책이 어떤 결과를 초래할 것인지를 인식하는 수준을 고려할 때, 지난 30년 동안 일어난 가장 큰 규모의 학살은 1990년 8월 이라크가 쿠웨이트를 침공하고 나서 취해진 대이라크 경제제재일 것이다. 처음에는 쿠웨이트로부터 이라크의 철수를 강요하기 위해 안전보장이사회 결의 661호를 근거로 1991년 이라크와의 전쟁을 벌여 승리한 미국과 영국은 다시 안전보장이사회를 압박하여 패배한 이라크의 화학, 생물학, 핵무기 개발 프로그램과 탄도미사일의 파괴를 요구하는 결의 687호를 이끌어냈다. 이를 근거로 이라크가 안전보장이사회의 결의에 순종하는지를 감시하는 특별위원회가 만들어졌다.[1] 이렇게

1. 1990년 8월 2일의 UN 안전보장이사회 결의 660호(S/RES/660)는 이라크가 쿠웨이트로부터 철수하도록 요구하고 있다. 1990년 8월 6일의 결의 661(S/RES/661)호는 이라크가 결의 660호를 수용하도록 경제적 제재를 가할 것을 요구하고 있다. 그러나 이라크의 대량살상 무기의 폐기를 요구하고 이를 감시할 특별위원회의 설치를 결정한 것은 안전보장이사회의 1991년 4월 3일의 결의 687호(S/RES/687, 7-14)이

하여 미국과 영국이 이라크가 UN 결의사항을 이행하지 않는다는 이유로 특별위원회와 안전보장이사회를 압박하여 이라크에 대한 제재를 풀지 못하도록 막을 수 있는 장치가 만들어졌다.

UN 결의 687호에 따른 조치는 주로 미국과 영국 정부가 나서서 집행했는데, 이라크로 하여금 전쟁 동안 정교한 대량폭격을 통해 파괴된 수도, 위생, 전기공급 시스템을 복구하지 못하도록 경제적 제재를 가했다. 전후 뉴욕 타임스지는 "부시 행정부 내부평가에 따르면" 미군의 폭격으로 "이라크는 당분간 산업화 이전 시대로 떨어져서 산업사회의 특징인 에너지와 기술의 집약적 이용에 의존할 수 없을 것"이라고 보도했다. 심지어 워싱턴 포스트지는 "공중폭격에서 중심적인 역할을 했던" 신원을 밝히지 않은 한 취재원이 이른바 "전략폭격이란 … 한 나라가 존속하는 데 필요한 모든 것을 겨냥"했음을 시인했다고 보도했다.[2] 그 "모든 것"은 1979년 제네바 회담 추가 의정서에 나오는 표현으로 바꾼다면 "[이라크] 민간인의 생존을 위해 필수불가결한 것"이 된다.[3]

다. 마지막으로 이라크에 대한 폭격이 시작되자 2003년 5월 22일의 결의 1483호(S/RES/1483)는 이상의 모든 결의를 폐기시켰다.

2. Patrick E. Tyler, "U.S. Officials Believe Iraq Will Take Years to Rebuild," *New York Times*(1991. 6. 3) ; Barton Gellman, "Allied Air War Struck Broadly in Iraq ; Officials Acknowledge Strategy Went Beyond Purely Military Targets," *Washington Post*(1991. 6. 23).

3. 1979년 12월 7일부터 효력이 발생된 "1949년 8월 12일의 제네바 회담 추가 의정서" 제54조는 "민간인의 생존을 위해 보호해야 할 필수적인 항목"을 규정하고 있다. 여기에 포함된 것은 다음과 같다 : "1.

이후 13년 동안 이라크의 수도, 위생, 전기공급 시스템은 전전의 상태를 회복하지 못했다. 토머스 나기(Thomas Nagy)는 전쟁이 공중폭격 단계로 접어들기 직전인 1991년 1월 22일에 미국 국방정보국은 시민들에게 깨끗한 물을 공급하기 위해 "특수 장비와 몇 가지 화학제품의 수입"에 의존하고 있는 이라크로서는 "수입에 문제가 생기면 인구의 대부분이 식수부족에 시달릴 것이며", 이런 상황은 "전염성은 아니더라도 질병증가로 이어질 것"이라고 예측했다고 밝혔다. 이런 예측과 미국 정부의 문서를 근거로 하여 나기는 "미국은 제재가 이라크의 물처리 시스템을 붕괴시킬 수 있다는 점을 알고 있었다. 또한 미국은 그 결과가 질병과 유아 사망률의 증가가 될 것임을 알고 있었다. … 미국은 이라크인들의 생명을 위협한다는 사실을 충분히 인식하고 있으면서도 이라크의 물처리 시스템을 붕괴시키는 정책을 정교하게 추진했다"는 결론을 내렸다.[4)]

전투수단으로서 민간인을 굶주리게 하는 행위는 금지된다. 2. 식량, 식량을 생산하는 경작지, 가축, 식수공급과 저장설비, 관개시설 등 민간인의 생존에 필수적인 항목에 대한 공격·파괴·제거·무용화는 금지되며, 민간인을 굶주리게 할 목적에서건 떠나게 할 목적에서건 어떤 이유로도 이런 항목들을 민간인 또는 적대적인 상대에게 공급하는 것을 저지하는 행위는 금지된다." 여기서 우리는 미국 정부가 이 의정서를 비준하지 않았다는 점을 주목해야 한다.

4. Thomas J. Nagy, "The Secret Behind the Sanctions : How the U.S. Intentionally Destroyed Iraq's Water Supply," *The Progressive*(2001. 9), http://www.progressive.org/mag_nagysanctions. 일찍이 국제연구팀(International Study Team)은 1991년 10월 보고서에서 "현대적인" 이라크는 파괴되었다고 밝혔다. *Health and Welfare in Iraq after the Gulf Crisis : An*

첫 번째 UN 이라크 인도주의 문제 조정관이었던 데니스 할러데이(Denis Halliday)는 물처리 시스템의 재건에 필요한 물자들의 수출을 금지한 제재위원회의 결정은 "학살행위"와 마찬가지라고 비난하고 사임했다. 그의 후임자 한스 폰 슈포넥(Hans von Sponeck)도 같은 결론을 내리고 역시 사임했다. 1999년에 나온 UN의 보고서는 "지속적인 이라크 경제의 후퇴로 이라크 인구의 생활환경은 심각하게 열악해졌고 이라크의 사회구조에 막대한 부담을 주고 있다. … 안전보장이사회가 추가의 조치를 취하지 않는다면 이라크인들은 이런 열악한 환경과 전쟁의 후유증을 견뎌내지 못할 것"이라고 평가했다.[5] 그 해에 UNICEF와 세계보건기구가 공동으로 실시한 조사에 따르면, "5세 이하의 유아 사망률은 [1989년에 비해] 두 배로 높아졌고", 이런 일이 일어나지 않았더라면 1990년대 말까지 50만 명의 어린이가 더 살아남았을 것이다.[6]

in-Depth Assessment(1991. 10)를 보라. 또한 Eric Herring, "Between Iraq and a hard place : a critique of the British government's case for UN economic sanctions," *Review of International Studies*, Vol. 28, No. 1(2002. 1) ; Joy Gordon, "Economic Sanctions as a Weapon of Mass Destruction," *Harper's Magazine*(2002. 11)을 보라.

5. *Final reports of the 1st, 2nd and 3rd panels established pursuant to the note by the President of the Security Council of 30 Jan. 1999(S/1999/100) concerning disarmament, monitoring and verification issues, the humanitarian situation in Iraq, and prisoners of war and Kuwaiti property*(S/1999/356), 그 중에서도 특히 부록 II, "Concerning the Current Humanitarian Situation in Iraq," 43-51을 보라.

폰 슈포넥은 이라크의 대규모 학살은 "우연이 아니며 무지의 결과도 아니"라고 썼다. "[제재위원회에 참여한 미국과 영국의 대표들이] 이라크 정부가 발주한 전력망 재건에 필요한 부품과 교체장비를 세밀하게 검토한 뒤 제재위원회는 바그다드 정부 관할지역에서 필요한 부품과 장비는 거의 예외없이 구매요청을 봉쇄하고 쿠르디스탄 지역에 필요한 물자만 승인해 주었다."[7] 사회기반시설 복구요청에 대해서도 같은 방식이 적용되었다. "석유-식량 교환 프로그램(oil-for-food programme)이 실시되던 기간(1996-2003) 동안에 UN 안전보장이사회 제재위원회가 보류시킨 물품의 100%는 미국과 영국 정부가 요구한 것들이었다." 폰 슈포넥은 제재정권이 "이라크 인구 전체를 무차별적으로 처벌했으며", 이와 같은 행위는 UN 경제사회이사회가 정한 "국제 인도주의법과 인권법에 명백하게 위배"된다고 평가했다.[8] 실제로 1999년 존 뮐러(John Mueller)와 칼 뮐러(Karl Mueller)는 이 잔인한 경제전투를 "대량파괴의 제재"라

6. "Iraq survey shows 'humanitarian emergency,'" UNICEF, 보도자료(1999. 8. 12), http://www.unicef.org/newsline/99pr29.htm을 보라. 또한 Anthony Arnove 편저, *Iraq Under Siege : The Deadly Impact of Sanctions and War*(Boston : South End Press, 2000), 151-168에 수록된 Peter L. Pellett, "Sanctions, Good, Nutrition, and Health in Iraq"를 보라.
7. Hans C. von Sponeck, *A Different Kind of War : The UN Sanctions Regime in Iraq*(New York : Berghahn Books, 2006), 52 ; 주 93, 47.
8. Hans C. von Sponeck, "Iraq—Twelve Years of Sanctions : Justified Punishment or Illegal Treatment?", Transnational Foundation for Peace and Future Research(2002. 12. 6).

고 불렀다. 이들은 “역사를 통틀어 이른바 대량살상 무기에 의해 살해된 사람보다 더 많은 이라크인들이 이 제재 때문에 죽었다”고 평가했다.[9]

미국이 고안한 정교한 민간인 대량살상이 일상화되었음은 1996년 5월 CBS TV 방송에서 확인되었다. CBS 뉴스 진행자 레슬리 스탈(Lesley Stahl)이 UN 대사 매덜레인 올브라이트(Madeleine Albright)에게 50만이나 되는 이라크 어린이들의 죽음이 “치를 만한 가치가 있는 대가”인지 물었다.

> **레슬리 스탈** : 50만 명의 어린이가 죽었다는 보도가 있습니다. 이 숫자는 히로시마에서 죽은 어린이보다 더 많습니다. 치를 만한 가치가 있는 대가라고 생각하십니까?
>
> **매덜레인 올브라이트** : 이건 매우 어려운 선택이라고 생각합니다. 그렇지만 대가라고 한다면 우리는 치를 만한 가치가 있는 대가라고 생각합니다.[10]

물론 제재정권은 사담 후세인을 제거하지도 못했고 후세인 정권을 제거할 생각도 없었던 것 같다. 그러나 한때 빠른 속도로 근대

9. John Mueller and Karl Mueller, “Sanctions of Mass Destruction,” *Foreign Affairs*, 5/6월호(1999). 이들은 “그 결과 얼마나 많은 이라크인이 죽었는지 정확히 아는 사람은 아무도 없지만 제재과정을 지켜본 UN의 여러 기구는 수십만 명이 죽었을 것으로 추산했다”고 덧붙였다.
10. “Punishing Saddam,” *60 Minutes*, CBS TV(1996. 5. 12).

화되면서 중동지역의 강자로 떠오른 이라크라는 나라의 물질적·정치적 성취를 뒤집어엎는 한편, 2003년에 시작된 침공-점령에 앞서 이 나라를 약화시키려던 미국(조지 부시, 빌 클린턴, 조지 부시 2세)과 영국(존 메이저와 토니 블레어)의 정책은 완성되었다.

우리는 레슬리 스탈이 올브라이트를 비난하지도 않았을 뿐만 아니라, 그녀의 답변에 대해 어떤 의문도 제기하지 않았음에 주목하고자 한다. 인도주의적 "전쟁"과 "보호책임"의 당위성을 선전하는 저서로 이름을 얻은 지식인 가운데서 올브라이트의 답변에 대해 비판의 목소리를 낸 사람은 아무도 없었다. 13년 동안 지속된 이 대량살상 행위는 **건설적**이었다. 수십만 명의 이라크인 희생자들은 공식적으로 **인정할 만한 가치가 없었으며**, 따라서 기득권 미디어와 지식인들의 관심사항이 아니었다. "대량파괴의 제재"로 수많은 사람들이 목숨을 잃은 사실은 기득권 집단이 흔히 말하는 대로 이 "학살의 시대"에 학살의 범죄에 대응하는 과정에서 발생한 미국의 "실수" 축에도 끼지 못했다. 뿐만 아니라 미국이 방관자가 아니라 **집행자**인 경우에는 책임을 따지려는 시도조차 없었다.

여러 가지 대량살상의 사례 가운데서 이라크 제재조치(와 뒤이은 이라크 침공과 점령)를 보도한 신문기사에서 "학살"이란 단어가 사용된 빈도를 정리한 [표 1]을 보면 미디어가 이런 뿌리 깊은 편견에 사로잡혀 있음이 확연하게 드러난다.[11] 표는 제재정권이 저지른

11. [표 1], Rows 1-7에서 Factiva 데이터베이스 검색을 위해 우리가 사용한 매개변수는 다음과 같다 :

〈표-1〉 "학살"이란 표현이 사례별로 사용된 편차[A]

Col. 1	Col. 2	Col. 3	Col. 4	Col. 5
발생지역 : 가해자 혹은 원인	추정 사망자 수	"학살"이란 표현을 쓴 인쇄매체 기사건수	"학살"이란 용어의 상대적 사용 비례 (이라크 경제 제재시 80건=1로 환산[B])	"학살"기사 건수로 나눈 사망자 수[C]
이라크 민중 : 경제제재	800,000	80	1	10,000 : 1
이라크 민중 : 미국-영국 전쟁과 점령	1,000,000	13[D]	0.2	76,923 : 1
보스니아 무슬림	33,000	13[D]	6	69 : 1
코소보 알바니아인	4,000	323	4	12 : 1
르완다	800,000	3,199	40	250 : 1
콩고 민주공화국	5,400,000	17	0.2	317,647 : 1
다르푸르	300,000	1,172	15	256 : 1

[A] 2009년 1월 팩티바(Factiva) 데이터베이스 검색엔진으로 "Newspaper : All" 항목에서 검색한 결과. 정확한 검색 매개변수는 주 11에 밝혀져 있다. 제목과 본문 가운데서 각기 다섯 단어와 열 단어 이내로 등장하는 "genocide"(학살)이란 단어의 모든 변형(예컨대 genocidal, genocidaires)을 찾아내기 위해 데이터베이스 오퍼레이타 w/5 and *를 사용했다.

[B] 이 표는 숫자 80(row 1, col. 3)을 기반으로 하여 나머지 모든 숫자를 환산했다. col. 4의 합계는 col. 3 합계를 80으로 나눈 결과이다.

[C] col. 5의 합계는 col. 2의 합계를 col. 3의 합계로 나눈 결과이다.

[D] 다음에 나오는 [표 2]를 보라.

Row 1 : rst=**Iraq** and (**sanctions** w/5 genocid*) not (Afghanistan or Bosnia or Burundi or Cambodia or Congo or Darfur or East Timor or Ethiopia or

행위에 대해 "학살"이라고 언급한 경우는 단 80사례뿐임을 보여준다. 반면에 보스니아, 코소보, 르완다, 다르푸르 등 네 곳의 사악한 학살의 경우 이 단어가 사용된 빈도가 각기 481, 323, 3,199, 1,172 건으로 올라간다. 그런데 이라크 제재로 인한 사망자 수는 르완다의 경우를 제외하고는 다른 어느 곳보다 훨씬 많다. 그리고 자비로

Guatemala or Indonesia or Kosovo or Rwanda or Sudan or Turkey or Vietnam) for January 1, 1992 through December 31, 2008.

Row 2 : rst=(**Iraq** w/5 genocid*) not (Afghanistan or Bosnia or Burundi or Cambodia or Congo or Darfur or East Timor or Ethiopia or Guatemala or Indonesia or Kosovo or Rwanda or Sudan or Turkey or Vietnam) for January 1, 2004 through December 31, 2008.

Row 3 : rst=(**Bosnia** w/5 genocid*) not (Afghanistan or Burundi or Cambodia or Congo or Darfur or East Timor or Ethiopia or Guatemala or Indonesia or Iraq or Rwanda or Sudan or Turkey or Vietnam) for January 1, 1992 through December 31, 2008.

Row 4 : rst=(**Kosovo** w/5 genocid*) not (Afghanistan or Burundi or Cambodia or Congo or Darfur or East Timor or Ethiopia or Guatemala or Indonesia or Iraq or Rwanda or Sudan or Turkey or Vietnam) for January 1, 1998 through December 31, 2008.

Row 5 : rst=(**Rwanda** w/5 genocid*) not (Afghanistan or Bosnia or Burundi or Cambodia or Congo or Darfur or East Timor or Ethiopia or Guatemala or Indonesia or Iraq or Kosovo or Sudan or Turkey or Vietnam) from April 1, 1994 through December 31, 2008.

Row 6 : rst=(**Congo** w/5 genocid*) not (Afghanistan or Bosnia or Burundi or Cambodia or Darfur or East Timor or Ethiopia or Guatemala or Indonesia or Iraq or Kosovo or Rwanda or Sudan or Turkey or Vietnam) for January 1, 1998 through December 31, 2008.

운 학살로 분류된 콩고의 경우는 이 단어의 사용 빈도가 17차례에 불과하다.

이라크 경제제재 시기를 비교의 기준으로 하여 이 시기를 다룬 기사에서 학살이란 단어가 미디어에 등장하는 80사례를 1로 친다면, 우리는 [표 1]의 칼럼 4에서 미디어의 편견이 어느 정도인지를 확인할 수 있다. 비교대상인 6사례의 학살 가운데서 이 단어가 사용된 빈도는 2003-2009년 전쟁의 경우 0.2이며(제재 시기의 1/15에 불과하다) 보스니아는 6(6배), 코소보는 4, 르완다는 40, 다르푸르는 15인데 콩고는(제재 시기와 이라크 전쟁과는 달리 콩고의 경우는 자비로운 학살로 분류된다) 0.2에 불과하다. 실제 사망자 수를 "학살"이란 단어가 사용된 횟수로 나누어 보면 사망자 비율이 이라크와 특히 콩고의 경우 표에 표시하기 어려울 정도이다. 이것은 이 두 곳에서는 희생자 수가 많아도 주목할 가치가 없으나 서방세력의 관심대상이 되는 곳에서의 희생자 수는 주목받음을 의미한다. 앞으로 보게 되겠지만 다른 학살에서도 정치적 입지에 따라 편향된 시각이 유지된다.

Row 7 : rst=(**Darfur** w/5 genocid*) not (Afghanistan or Bosnia or Burundi or Cambodia or Congo or East Timor or Ethiopia or Guatemala or Indonesia or Iraq or Kosovo or Rwanda or Turkey or Vietnam) for January 1, 2004 through December 31, 2008.

2. 이라크 침공-점령

때늦은 자기 시인[12)]을 따르더라도 미국 미디어는 2003년 3월 이라크를 침공하기 전 18개월 동안 사실상 정부의 선전도구 역할을 해왔음은 널리 알려진 사실이다. 현재 진행 중인 미국의 전쟁과 점령의 파괴적인 영향은 13년 동안 지속된 경제제재의 영향보다 더 부인하기가 어렵지만, (미군이 현장에 가 있고 전체 인명손실에서 차지하는 비중이 미미하기는 하나 미군의 인명손실이 상당하다는 이유 때문에) 미국 기득권 집단의 주류 정치인, 미디어, 지식인 사회는 이라크 민간인들의 인명손실에 대해서는 경시하는 자세를 굳건하게 유지하고 있다.

심도 있는 연구결과들에 의하면 2003년 3월 전쟁이 시작된 이

12. 예컨대 "The *Times* and Iraq," 사설, *New York Times*(2004. 5. 26)과 여기에 붙어 있는 "Sample of the Coverage"를 보라. 여기서 우리는 타임스의 기사내용과 배치되는 경우는 타임스의 편집자가 시인하는 것보다 훨씬 많으며, 타임스와 기타 주류 미디어가 미국과 영국의 전쟁 선전도구 역할을 한 범위는 타임스가 시인하는 것보다 훨씬 광범위함을 알 수 있다.

후로 이라크 민간인의 인명손실은 98,000명에서 655,000명으로, 다시 100만 명 이상으로 늘어났으며, 인명손실의 절대다수가 폭력적 행위에서 비롯되었음이 밝혀졌지만[13] 미디어와 지식인들은 이것이 정교하게 계획된 대량살상인지, 인도주의에 반하는 범죄인지 또는 "학살"인지의 평가는 차치하고 (간접적이든 직접적이든) 침공-점령의 결과라는 사실도 인정한 적이 거의 없다. 독자들은 이라크를 다룬 기사에서 뉘른베르크 전범재판이 인용된 적이 없으며, 미국이 일으킨 전쟁이야말로 뉘른베르크 전범재판의 판결문에서 규정한 "최고의 국제범죄"이며 "전체 악의 집적"이 침략행위의 핵심이라는—그렇기 때문에 책임져야 한다는—사실을 암시적으로라도 언급한 적이 없음을 확신해도 좋다.[14] 또한 주목해야 할 것은 미

13. Les Roberts et al., "Mortality before and after the March 2003 invasion of Iraq : cluster sample survey," *The Lancet*(online, 2004. 10. 29) ; Gilbert Burnham et al., "The Human Cost of the War in Iraq : A Mortality Study, 2002-2006," *The Lancet*(2006. 10. 21) ; Munqith Daghir et al., "New analysis 'confirms' 1 million+Iraqi casualties," Opinion Research Business(2008. 1. 28). 이 문서와 그 밖의 관련 문서의 전자 사본은 MIT 국제문제연구소가 운영하는 웹사이트에서 내려받을 수 있다. *Iraq : The Human Cost*, http://web.mit.edu/humancostiraq/.

14. Factiva 데이터베이스에서(i.e., Iraq w/10 "supreme international crime") 가장 넓은 범주 "All Sources"를 적용하여 2002년 1월 1일부터 2008년 12월 31일까지 7년 동안에 미국이 벌이는 전쟁을 뉘른베그크 전범재판 수준의 "최고 국제범죄"로 표현한 기사를 검색해 본 결과 단 6건만 나왔다. 그 중에서 가장 눈길을 끄는 것은 전직 CIA 정보분석가이자 이성적 정보 이용을 추구하는 정보전문가들이란 단체(Veteran

국 정부가 UN 헌장을 명백하게 위반하고 다른 나라를 침략한 경우, 기득권 미디어와 지식인들은 한결같이 법의 지배는 누구에게나 차별 없이 적용되어야 한다는 원칙을 무시한다는 사실이다. 뉴욕 타임스의 전쟁 관련 기사를 분석한 연구에서 하워드 프릴(Howard Friel)과 리처드 포크(Richard Falk)는 "한 나라가 다른 나라를 침략하는 행위는 UN 헌장과 국제법의 가장 기본적인 정신을 부정하는 행위임에도 불구하고 뉴욕 타임스가 2001년 9월 11일부터 2003년 3월 21일 사이에 이라크를 다룬 70편의 사설에서 'UN 헌장'이나 '국제법'이란 단어가 사용된 적이 한번도 없다"는 사실을 밝혀냈다.[15] 이 신문은 또한 이 계획된 침략행위에 비판적인 견해를 가진 식견 있는 인사에게 그들의 신념을 밝히고 책임져야 할 정치인에게 책임을 지도록 요구하는 의견을 표명할 지면을 제공하지 않았고, 오히려 그런 견해를 맹렬하게 비난하는 평론가들만 환영했다.

이라크에서 전대미문의 보편적 인도주의의 재앙이 일어났을 때도 (무시의 정도는 좀 덜했지만) 마찬가지였다. 단 한번 만에 4백만 명

Intelligence Professionals for Sanity)의 회원인 레이 맥거번(Ray McGovern)이 미국 TV에 나와 말한 내용이다 : "뉘른베르크 전범재판소는 [침략을] 그 자체가 '전체 악의 집적'인 '최고의 국제범죄'라고 정의했다." 전후의 맥락으로 미루어 보아 맥거번이 언급한 것은 미국의 이라크전임이 분명했다. *The News Hour with Jim Lehrer*, PBS-TV(2006. 4. 24)를 보라.

15. Howard Friel and Richard Falk, *The Record of the Paper : How the New York Times Misreports US Foreign Policy*(New York : Verso, 2004), 15.

의 이라크인들이 고향에서 쫓겨나고 그 중의 절반이 이웃나라로 달아난 전대미문의 추방극이 벌어졌을 때도[16] 미디어는 침묵했다. 전세계적으로 가장 소중하다고 할 수 있는 이라크의 고고학적 유물이 파괴되고 약탈된 사실만 약간의 관심을 끌었을 뿐이다. 유물 약탈 행위는 1991년 걸프전과 함께 시작되었고, 2003년 3월에 절정에 이르러 헤아릴 수 없는 문화적 재앙이 되었다. 옥스포드 올 소울 칼리지의 엘레노어 롭슨(Eleanor Robson)은 이것이 역사적으로 어떤 의미를 갖는지를 다음과 같이 설명해 주었다 : "이와 같은 규모의 약탈은 1258년에 몽고군이 바그다드를 침입했을 때 이후로는 처음 있는 일이다."[17] 미국의 지도자들은 문화유산 약탈의 훌륭한 동조자였다.

미국과 영국 정부가 2003년의 침공을 앞두고 이라크의 남아 있

16. "전세계의 추방된 이라크인 통계," UN 난민고등판무관실(2007. 9) ; *Iraq : No Let-up in the Humanitarian Crisis*, 국제적십자회(2008. 3) ; *Carnage and Despair : Iraq Five Years On*, 국제사면위원회(2008. 3).
17. Douglas Jehl and Elizabeth Becker, "Experts' Pleas to Pentagon Didn't Save Museum," *New York Times*(2003. 4. 16) ; 롭슨(Robson)은 미군이 지켜보는 가운데 벌어진 이라크 국립박물관의 약탈을 지목했다. 이라크의 고고학적 유적지를 보호해야 할 점령군의 책임에 대해서는 Amy E. Miller, "The Looting of Iraqi Art : Occupiers and Collectors Turn Away Leisurely from the Disaster," *Case Western Reserve Journal of International Law*, Vol. 37, No. 1(2005)를 보라. 또한 Lawrence Rothfield, *The Rape of Mesopotamia : Behind the Looting of the Iraq Museum*(Chicago : University of Chicago Press, 2009)를 보라.

는 방공능력을 파괴하기 위해 실시한 침공 전 폭격작전의 내용은 3년이 지나서야 뉴스 미디어에 보도되었다.[18] 2002년에 미·영 양국의 전폭기들이 이라크에 투하한 폭탄의 양은 3월의 0에서 시작하여 9월에는 54.6톤으로, 12월에는 53.2톤이 되었다.[19] 여기서 주목해야 할 것은 이라크가 오랫동안 해오던 대로 관련 증거를 문서로 작성하여 안전보장이사회와 UN 총회에 제출하고 평화에 대한 도전이라고 항의했으나 누구도 귀 기울이지 않았다는 점이다.[20] 2002년 봄 시작된 폭격은 사실상 이라크 대학살의 두 번째 단계였는데, 우리는 당시에 이를 보도한 미디어는 찾아낼 수가 없었다.

후세인 정권 제거작전이 완결된 후에도 점령기간 동안의 미국 정책의 불법성을 세밀하게 파헤치려는 노력은 없었다. 오히려 미국은 2004년 6월 초에 나온 UN 안전보장이사회 결의 1546호[21]를 근거로 주권국가에 대한 군사적 점령을 사후적으로 합법화할 수 있게

18. 예컨대 Michael Smith, "The War Before the War," *New Statesman* (2005. 5. 30).
19. David Peterson, "British Records on the Prewar Bombing of Iraq," ZNet (2005. 7. 6). http://www.zcommunications.org/britishrecords-on-the-prewar-bombing-of-iraq-by-david-peterson-1./znet/viewArticle/20430.
20. David Peterson, "Spikes of Activity," ZNet, 2005. 7. 5, http://www.zcommunications.org/spikes-of-activity-by-david-peter-son-1./znet/viewArticle/20429를 보라. 이 사이트는 전쟁의 발발과 이라크 정부의 붕괴 전까지 2001년 12월 16일부터 2003년 2월 11-14일 사이의 이라크 측 관련 문건을 정리해 놓고 있다.
21. UN 안전보장이사회 결의 1546호(S/RES/1546, 2004. 6. 8).

되었다. 불과 며칠 전에 연합군 임시군정청(즉 점령 미군)에 의해 이라크의 총리 자리를 떠맡은 아야드 알라위(Ayad Allawi)는 숨 가쁜 역사의 이면을 복기하듯 미국이 이른바 다국적군의 지도자로서 이라크에 군사적으로 잔류해 주기를 요청하는 편지를 보냈고, 미국 국무장관 콜린 파월은 엄숙하게 그 요청을 받아들였다. 이 어릿광대 극에서 안전보장이사회도 맡은 역할대로 "다국적군은 과도정부의 요청에 따라 이라크에 주둔하고 있다"는 확인을 해줌으로써 우리가 기억하는 한 가장 심각한 UN 헌장 위반행위인 미국의 침공-점령을 합법화시켜 주었다. 미디어는 누리 알-말리키(Nouri al-Maliki) 총리가 이끄는 이라크 정부와 미국 침략-점령자 사이에 체결된 주둔군 지위협정이 미군에게 식민통치자에 준하는 특권을 부여하고 있는 사실에 대해서도 관심을 기울이지 않았다.[22] 따라서 군사적 점령 하에서 제정된 이라크의 석유와 가스 자원의 채굴과 운송은 물론 그 판매대금의 배분까지를 규정하는 모든 새로운 법률은 국제법에 반하는 것일 수밖에 없다. 판매대금의 배분문제는 쿠르드족 자치정부가 자주적인 결정권을 요구하고 있고 북부의 쿠르드족과 남부의 아랍족 사이에 긴장이 높아가고 있어서 2009년 현재까지도 논란이 되고 있다.[23]

22. 미국과 이라크 간의 장기적 협력 우호관계에 관한 원칙 선언, 백악관 언론담당 비서실(2007. 11. 26), http://www.globalpolicy.org/component/content/arti cle/168/36325.html을 보라. 그리고 Alissa Rubin and Campbell Robertson, "Iraq Approves Deal Charting End of U.S. Role," *New York Times*(2008. 11. 28)을 보라.

인구 25만의 팔루자 시에 대한 2004년 4월과 9월 두 차례의 폭격은 1937년 나치의 스페인 게르니카 폭격에 비견될 수 있는데,[24] 팔루자에 대한 공격이 나치의 폭격보다 훨씬 발전되고 치명적인 화력을 동원했기 때문에 파괴와 살상이 더 많았다. 그러나 민간인에 대한 살육은 공식기록에서는 은폐되었고, 인정되는 경우라 할지라도 미국과 그 동맹에 의한 살상과 학살은 지금껏 철저하게 정당화되어 왔던 것처럼 희생자가 주목할 가치가 없었기 때문에 관대하게 다루어졌다. 새로운 오바마 행정부의 고위관료들은 그들의 전임자

23. "이라크, 유전을 외국회사에 개방. 35개사 참여," *Oil and Gas News*(2008. 11. 30) ; "북부 이라크 수출증가 전망," *Petroleum Intelligence Weekly*(2008. 12. 1) ; Danny Fortson, "이라크 진출을 노리는 거대 석유사들," *Sunday Times*(영국, 2008. 12. 28) ; Patrick Cockburn, "대매출의 주동자로 비난받는 이라크 석유부 장관," *The Independent*(2009. 6. 18) ; Gina Chon, "대형 석유사들 이라크에서 대형도박," *Wall Street Journal*(2009. 6. 24) ; Sam Dagher, "쿠르드인들 석유, 개스, 영토를 요구," *New York Times*(2009. 7. 10) ; Anthony Shadid, "이라크에서 쿠르드-아랍 분쟁대두 우려," *Washington Post*(2009. 7. 27) ; Patrick Cockburn, "쿠르드 분리 움직임, 새로운 전쟁위험," *The Independent*(2009. 8. 10).

24. 이와 같은 비유를 처음으로 사용한 사람은 말로우(Lara Marlowe)이다 : "점령군이 머물든 떠나든 유혈사태 불가피," *Irish Times*(2004. 4. 15). 2004년 4월의 공격이 있고 나서 말로우는 이런 기사를 썼다 : "팔루자에서 미군은 전폭기와 헬리콥터를 동원하여 사담 후세인 정권 붕괴 이후 처음으로 민간인 지역을 공격했다. 이라크인들은 팔루자의 살육이 스페인 내란 때의 게르니카나 북아일랜드의 피의 일요일과 같다고 생각한다."

〈표-2〉 이란, 2004-2008년의 경우 "학살"의 귀속처[A]

학살의 가해자/원인	"학살"이라 표현한 인쇄매체 기사건수
2003년 전쟁 점령	13
13년간의 제재기	3
사담 후세인 통치기	48
종족분쟁/미군철수 후	54
기타/원인불명	30

[A] 2009년 1월 팩티바(Factiva) 데이터베이스 검색엔진으로 "Newspaper : All" 항목에서 검색한 결과. 정확한 검색 매개변수는 [표 1], row 2에 사용된 것이다(주 26을 보라).

들이 저지른 대량살상과 파괴에 대해 아무런 죄책감도 보여주지 않고 있다. 오히려 그들은 이라크인들이 미국에게 빚을 지고 있다고 생각한다. 부통령 조셉 바이던은 "이라크인들이 자신이 만든 헌법을 준수하도록 우리의 피와 재산을 투입했다"[25]고 말했는데, 미국의 "투입"은 이라크가 보유한 "대량살상 무기"라는 공상적인 위협을 근거로 하고 있지만, 실제 목적은 석유 매장량이 풍부한 이 지역에 미국의 힘을 심는 것이라는 점을 고려한다면 이것은 뻔뻔스러운 거짓말이다. 또한 바이던의 발언은 자신이 복무하는 정부가 저지른 "최고의 국제범죄" 때문에 이라크인들이 엄청난 피와 재산을 부담했다는 사실을 무시하고 있다.

지금까지 살펴본 사례를 통해 쉽게 짐작할 수 있는 일이지만,

25. "상원의원 미국 대사관에서 말리키를 비난하다," AFP 통신(2007. 10. 1). 당시 부통령 후보인 바이든(Joe Biden)은 이라크를 세 개의 자치 지역으로 분할하는 구상을 내놓았다.

[표 2] 는 2004–2008년 이라크에서 벌어진 학살이 침략–점령과 관련이 있다고 보도한 기사는 13건인데, 오래 전에 붕괴된 사담 후세인 정권이 저질렀다고 보도한 기사는 이보다 3배 이상 많고, 미군의 철수나 내전으로 인해 학살이 발생할 수 있는 가능성을 보도한 기사는 54건이나 된다.[26] 베트남의 경우에도 그랬듯이 미국이 자행한 진정한 학살은 인정될 수 없다. 공식적으로 "학살"이라는 이름을 붙일 수 있는 범죄를 저지르는 쪽은 미국의 적과 미국이 선정한 공격대상뿐이다.

26. [표 2]는 [표 1]–Row 2의 결과를 좀더 상세하게 분류한 것이다. 이 시기의 이라크 사망자는 미국의 전쟁과 이라크 점령의 결과로 생겨난 "학살"이라고 표현한 기사는 13건(Row 1)에 불과하다. 같은 기간 동안에 13년 동안의 이라크 제재로 학살이 일어났다고 주장한 기사는 3건(Row 2)이다. 사담 후세인이 학살을 저질렀다고 주장한 기사는 48건(Row 3), 이라크에서 이미 부족 간의 분쟁이 발생했었고, 이것이 학살의 원인이었거나 미군이 철수하면 학살이 일어날 것이라고 주장한 기사는 54건(Row 4)이다. 마지막으로 원인을 다른 4개 항목 어디로도 돌리지 않고서 "학살"이란 용어를 사용한 기사가 30건(Row 5)이다. 그 예로 *Chicago Sun–Times*의 스타인버그(Neil Steinberg)는 "이라크의 잔혹행위, 아프리카의 학살"("악마는 우리 가운데 괴물과 관계없다," 2006. 10. 30)이라고 했다.

사악한 학살

"선과 악이 대결"하고 "잔학행위가 기하급수적으로 증가"하는 이 "단순한 도덕의 세계"에서는 "분명히 '아랍인'이라고 지목할 수 있는 가해자와 분명히 '아프리카인'이라고 지목할 수 있는 희생자" 집단이 존재하며, "희생자는 순결하며 가해자는 틀림없이 악하다."

1. 다르푸르 전쟁과 살상

사만다 파워는 하르툼 정부가 "궁벽하고 접근하기도 어려운 다르푸르 같은 무슬림 지역이 어떻게 미국의 관심사가 될 줄 예측했는지" 놀라움을 표시한 적이 있다.[1] 다르푸르가 악행의 무대로 예측될 수 있는 훌륭한 조건을 갖추고 있다는 분명한 사실을 알아차리지 못한 사만다 파워는 순진한 사람이다. 무슬림 아랍계가 정부를 장악하고 있다는 점, 수단에는 석유가 매장되어 있는데 하르툼에 있는 정부와 강력한 관계를 맺은 나라는 미국이나 서방국가가 아니라 중국이란 점, 미국과 이스라엘 및 그 동맹국들은 수단의 이웃인 콩고민주공화국에서 자신들이 저지른 인권침해와 약탈행위를 감추기 위해 세계의 이목을 다른 곳으로 돌릴 필요가 있었다는 점은 악행의 무대가 되기에 이상적인 조건들이었다.

따라서 우리는 [표 1]에서 같은 기간(2003-2009)에 하르툼에 있는 정부가 다르푸르에서—다시 말해 자국 내에서—저지른 행위

1. Samantha Power, "Dying in Darfur," *New Yorker*(2004. 8. 30).

가 미국이 타국인 이라크를 침략전쟁을 통해 점령하고 (다르푸르에서보다) 3배 이상 많은 인명을 살상한 행위보다 "학살"이라고 불리는 빈도가 90배가 넘는다는 사실을 읽어낼 수 있다.

수단해방운동/군이 2003년 2월 정부군 진지를 공격하고 다음 달에 정치적 강령을 발표[2)]한 후 12개월 이내에 이미 다르푸르는 희생자 수는 훨씬 적었으나 완벽한 "학살"이란 칭호를 받았다. 2004년 3월까지 만여 명이 목숨을 잃었고 백만 명 이상이 고향을 떠났다. 외부세계의 개입을 위해 로비활동을 하던 UN의 수단 인도주의 조정관 무케시 카필라(Mukesh Kapila)는 다르푸르 사태를 "전세계에서 최대 규모의 인도주의와 인권파국"이며 "전세계에서 가장 치열한 전쟁"이라고 불렀다. 이 사건을 "인종청소"라고 명명할 것인지 아니면 "학살"이라고 명명할 것인지가 카필라에게 유일하게 남은 문제였다.[3)]

이런 수사학적 재주가 행동을 유도해낸다. 대량 잔학행위 범죄라면 우리는 무엇인가를 해야 한다. 한편으로 "인도주의적이며" 보호책임형의 개입주의 교리에 따르면 아무것도 하지 않는 것이 무엇인가 하는 것이 될 수 있다. 미국인인 에릭 리브스(Eric Reeves)는 다르푸르는 "알려지지 않은 학살"이라고 규정하며 워싱턴 포스트지

2. "다르푸르 반군, 정권타도와 민주적 수단 건설을 표방하는 강령 채택," AFP 통신(2003. 3. 14).
3. "서부 수단 분쟁, 세계 최대의 인도주의의 위기," AFP 통신(2004. 3. 19).

에 이런 글을 기고했다 : "사람들은 그들이 어떤 인종이며 어떤 종족이기 때문에 살해되고 있다. 1948년 UN 학살방지 회담이 규정한 바에 따르면 이것이 바로 학살이다."[4] UN 사무총장 코피 아난(Kofi Anan)은 학살방지 행동계획을 발표하면서 전세계에서 벌어지고 있는 분쟁 가운데서 특별히 다르푸르를 지목하여 10년 전에 르완다에서 벌어진 사태와 같아질지 모른다는 "매우 불길한 예감을 갖고 있다"고 말했다. 그는 또한 이렇게 덧붙였다 : "이 상황을 무엇이라고 부르든지 간에 국제사회는 방관할 수 없다."[5]

마무드 맘다니(Mahmood Mamdani)의 표현을 빌리자면 이런 수사 역시 "복잡한 정치적 상황을 언제나 손쉽게 동원할 수 있고 또 그렇게 해왔던 대로 세상에서 악당과 희생자의 자리는 결코 바뀌지 않는다는 도덕적 얘기로 환원시키는 것"이다. "선과 악이 대결"하고 "잔학행위가 기하급수적으로 증가"하는 이 "단순한 도덕의 세계"에서는 "분명히 '아랍인'이라고 지목할 수 있는 가해자와 분명히 '아프리카인'이라고 지목할 수 있는 희생자" 집단이 존재하며, "희생자는 순결하며 가해자는 틀림없이 악하다."[6] 여기에 덧붙여

4. 에릭 리브스, "알려지지 않은 학살," *Washington Post*(2004. 2. 25)를 보라. 리브스는 하원 국제관계 아프리카 소위원회에 나와서도 기고문의 내용과 같은 견해를 밝혔다. 미국 하원(2004. 3. 11).
5. 코피 아난이 UN 인권위원회에 보낸 메시지(SG/SM/9245, 2004. 4. 7), http://www.un.org/News/Press/docs/2004/sgsm9245.doc. htm.
6. Mahmood Mamdani, *Saviors and Survivors : Darfur, Politics, and the War on Terror*(New York : Pantheon, 2009), 특히 "Arab Perpetrators and African

맘다니는 이런 만화 같은 얘기를 지어낸 대표적인 인물이 뉴욕 타임스의 칼럼니스트 니컬러스 크리스토프(Nicholas Kristof)라고 지적했다. 맘다니는 크리스토프가 "아예 처음부터" 다르푸르를 "'수단의 아랍계 지배층'과 '아프리카계 흑인 수단인' 사이의 갈등"으로 진단했다고 지적한다. 2004년 3월 크리스토프는 아랍계가 장악한 하르툼 정부는 수단 내에서 거의 이방인으로 취급된다는 점을 강조하면서 "살육은 아랍계가 장악한 수단 정부가 지휘하고 있으며, 정부가 지급한 병기로 무장한 아랍계 불량배 집단인 잔자위드 민병대가 하수인 역할을 맡고 있다"고 썼다. "희생자들은 비아랍계인 흑인 자가와 부족, 마살리트 부족, 푸르 부족이다. 유셉 야콥 압둘라는 '아랍계가 흑인이라면 모조리 제거하려고 한다. 내가 탈출한 다르푸르 지역에는 흑인이 남아 있지 않다'고 말했다."[7]

크리스토프, 파워, 리브스, 그리고 이들의 동지 세이브 다르푸르(Save Darfur) 활동가들은 다르푸르 사태를 수단의 아랍계 지배자와 아프리카계 흑인 희생자들 사이의 인종분규로 호도하고 있다. 다르푸르 사태 국제조사위원회가 2005년에 내놓은 보고서가 지적하고 있듯이, 서부 수단에서 발생한 분쟁을 "아프리카계"와 "아랍계"의

Victims," 59-71을 보라. 또한 같은 저자의 "The Politics of Naming," *London Review of Books*(2007. 3. 8), http://www.lrb.co.uk/v29/n05/mamd01.html을 보라.

7. 크리스토프, "우리는 '다시는 안 돼'라고 할 것인가 '한번 더'라고 말할 것인가?", *New York Times*(2004. 3. 27). 또한 Mamdani, *Saviors and Survivors*, 주 32, 주 310, 주 36, 310-311을 보라.

충돌로 보는 것은 이 분쟁의 결과를 원인으로 도치시키는 정치적 실수이다. 위원회의 보고서는 이렇게 밝히고 있다 : "공격과 살해의 목표가 되었던 여러 부족(주로 푸르, 마살리트, 자가와 부족)은 이들을 공격했던 개인이나 민병대가 속한 인종집단과 구분되는 인종집단을 구성하고 있는 것 같지 않다." "그들은 동일한 언어(아랍어)를 사용하고 있고 동일한 종교(이슬람)를 받아들이고 있다."[8] 크리스토프 등의 주장과는 달리 하르툼 정부에는 이 정부가 적대시한 수단 서부 아프리카 흑인들과 다르지 않은 흑인들이 참여하고 있다. 따라서 서부 수단이라는 구분은 정부("아랍계")를 지지하고 서부 수단("아프리카계")을 반대한다는 정치적 구분일 뿐이다. 이른바 "아랍-아프리카 구분"은 "이런 구분을 고집하는 집단과 미디어가 부추긴 것이다"(특히 백인 유럽과 미국의 미디어). 이런 과정을 거쳐 "두 인종집단의 대비가 고착되고 관련 집단들 사이에서 평가와 자기 인식이 갈수록 현저하게 양극화되었다."[9] "다르푸르 위기"는 이처럼 서방세계의 도덕주의자들이 백지 위에 그들의 이해관계에 들어맞는 외부적 요인들을 마음대로 투사시킨 것일 뿐이며, 그 위기 가운데 있는 사람들의 진정한 요구가 무엇인지는 반영하고 있지 않다.

8. Antonio Cassese et al., *Report of the International Commission of Inquiry on Darfur to the United Nations Secretary-General*(S/2005/60, 2005. 1. 25), 508.
9. *Ibid*., 510. 이 위원회는 힘들게 서부 수단의 분쟁을 학살방지 회담의 기준에 맞추었으나 결국 하르툼 정부를 학살행위의 책임자로 규정하기를 거부했다.

여기에 더하여 UN 환경 프로그램은 2007년 광범위한 조사를 거쳐 다르푸르 분쟁의 "근본원인"은 지역적인 기후불안정, 가뭄, 사막화, 인구증가, 식량불안, 한정된 자원의 과도한 개발 등에서 찾아야 한다고 밝혔다. 또한 환경 프로그램은 "다르푸르는 농촌인구를 지탱할 수 없을 정도로 황폐해졌다"는 결론을 내렸다. 이 보고서를 두고 반기문 사무총장은 이렇게 언급했다 : "우리가 다르푸르 사태를 논할 때 편한 대로 군사적 · 정치적 척도를 들이대어 아랍민병대와 흑인 반군 및 농민들 사이의 대립으로 몰아간 오류를 범한 것이 분명하다. 그렇지만 근본원인을 살펴보면 보다 복합적인 요인이 작용했음을 알 수 있다. 다양한 사회적 · 정치적 원인 가운데서 다르푸르 분쟁은 최소한 부분적으로는 기후변화 때문에 생긴 생태위기에서 비롯되었다. … 가뭄 시기에 다르푸르에서 폭력사태가 발생한 것은 우연이 아니다." 2007년에 "퇴역 제독과 장성들로 구성된 블루 리본 패널"이 CNA 코퍼레이션에 제출한 보고서도 "부족, 종파 간의 갈등처럼 보이는 요인들을 물 부족과 농업생산의 감소가 촉발시켰다"는 유사한 결론을 내놓았다. 또한 이 보고서는 "다르푸르 사태의 밑바탕에는 … 토지문제가 자리 잡고 있다. … 최근에 발생한 분쟁 가운데서 다르푸르는 현재의 한계적 상황이 기후 관련 요인들에 의해 폭발점을 넘어 악화된 사례연구의 대상"이라고 덧붙였다.[10)]

10. Achim Steiner et al., *Sudan : Post-Conflict Environmental Assessment*, UN 환경계획, 2007, http://www.unep.org/sudan, 329 ; 반기문, "다르

2004년 내내 다르푸르를 "알려지지 않은 학살"로 묘사한 선전전은 지난 10년간 벌어진 이런 유의 캠페인 가운데서 가장 뛰어난 성공작임은 의심의 여지가 없다. 다르푸르는 2008년 한 해 동안 "80개 이상의 단체와 15,000명 이상의 구조 활동가들로부터 전세계에서 최대 규모의 인도주의적 지원을 받았고", 이런 우선적인 지원을 5년 연속 받았음에도[11] 언제나 통제를 벗어나 있다는 소리를 들었다. 언제나 "잊혀진" 또는 "무시된"이란 수식어가 붙었던 다르푸르는 가장 무시되었다고 하던 시기에도 이미 전세계에서 가장 잘 홍보된 위기였다.[12]

2004년 7월 국제위기 그룹의 존 프렌더가스트(John Prendergast)는 "지금은 살인행위에 책임을 져야 할 정부 관료들에게 책임을 물

푸르 사태의 기후원인론," *Washington Post*(2007. 6. 16) ; David M. Cacarious Jr. et al., *National Security and the Threat of Climate Change*, CNA Corporation(2007. 4), 15–20.

11. "No End in Sight to Violence and Suffering in Sudan," 국경 없는 의사회 연례보고서 *"Top Ten" Humanitarian Crises of 2008*의 제8부(2008. 12. 22), http://www.doctorswithoutborders.org/press/release.cfm?id=3268%20.을 보라.
12. 마크 존스(Mark Jones), "쓰나미 관련 기사에 파묻힌 '잊혀진' 위기," 로이터-AlertNet, 2005. 3. 10, http://www.alertnet.org/thefacts/reliefresources/111044767025.htm과 아울러 2004년 3월–2005년 2월 사이의 전체 기사를 보여주는 도표를 함께 보라. 2004년 12월 26일의 인도양 쓰나미(자연재해)에 관한 기사를 제외하면 12개월 동안 다르푸르가 가장 깊이 있게 보도된 정치적 인도주의적 위기였음을 이 조사가 보여준다.

어야 할 때이다. 사하라의 모래바람이 우리 생애의 가장 큰 범죄의 증거를 묻어버리게 해서는 안 된다"고 하였다.[13] 같은 달에 PIPA-날리지 네트워크(Knowledge Network)가 실시한 여론조사 결과를 보면 56%의 미국인이 이미 다르푸르에서 "학살"이 진행되고 있다고 믿고 있었고, 69%는 "UN이 다르푸르 사태를 학살로 규정한다면 미국을 포함한 UN 회원국이 군사력을 동원해서라도 학살을 중지시켜야 한다"고 믿고 있었다.[14]

21세기 초에 일어난 사악한 학살의 표본으로 성공적으로 낙인찍힌 다르푸르는 학살방지 태스크포스가 2008년 12월에 발표한 보고서에서 "학살과 대량 잔혹행위를 방지하기 위한 항구적인 표본으로서 강력한 수준의 공적 개입을 해야 할" 대상으로 지목되었다.[15] 이 말은 결국 미국이 다르푸르의 분쟁을 "학살"로 분식시켜 엘리트와 대중이 가해자의 혐의를 받고 있는 집단을 응징하는 행위

13. 존 프렌더가스트, "수단의 시체로 가득 찬 개울," *New York Times* (2004. 7. 15).

14. Steven Kull et al., "Americans on the Crisis in Sudan," Program on International Policy Attitudes(2004. 7. 20), http://www.pipa.org. 6개월 후에 실시된 후속 여론조사에서는 다르푸르에서 학살이 진행되고 있다는 전제 하에서 응답자들에게 "다르푸르에서 학살을 멈추게 하기 위해" 여러 방식으로 결합된 군사력(미군 단독, 안전보장이사회의 결의를 통한 다국적군)을 사용하는 것이 적절하다고 생각하는지 물었다. Steven Kull 외, "미국인 3/4이 다르푸르에 미국의 군사적 개입을 지지," Program on International Policy Attitudes(2005. 1. 24).

15. Albright and Cohen, *Preventing Genocide*, 14.

를 지지하도록 여론을 조작하는 선전전에서 멋지게 성공했음을 의미한다.

그러나 콩고민주공화국에서는 다르푸르보다 두 배가 긴 기간 동안 거의 20배나 되는 희생자를 냈고, 관련 분야의 지도적인 한 연구자의 말을 빌리자면 "제2차 세계대전 이후 가장 참혹한 사태"이며, 1998년 8월-2007년 4월 사이에 540만 명이 살해된 것으로 추산되는 학살이 일어났다.[16] 그러나 킨샤사는 이슬람이 아니며 가해자는 미국, 영국, 프랑스와 그 밖의 서방 착취세력과 결탁한 아프리카 국가들—특히 우간다와 르완다—이었다. 따라서 정말로 무시된 것은 10년 넘게 훨씬 더 많은 희생자를 낸 콩고였던 반면에, 북쪽 이웃나라의 다르푸르는 "미국의 관심사"가 되어 더 많은 NGO들과 저명인사, 학생, 인터넷 활동가, 감성적인 관광객들이 현대에 발생한 어떤 위기보다도 더 다르푸르에 몰두했다. 미국 작가 스티븐 페이크(Steven Fake)와 케빈 펑크(Kevin Funk)는 "이라크에서의 학살이나 이스라엘의 점령과 같이 서방이 저지른 인도주의의 파탄 사태를 저지하려는 노력은 기업의 후원금을 모으고 백악관의 조직적 지원을 받는 데 실패"한 것과는 달리, 다르푸르 활동가들은 "전반적으로 서방세계의 '정의로운 무기'라는 체제친화적인 이상을

16. Benjamin Coghlan et al., *Mortality in the Democratic Republic of Congo : An Ongoing Crisis*, International Rescue Committee-Burnet Institute (2008. 1), ii. 또한 함께 배포된 보도자료(2008. 1. 22), http://www.theirc.org/news/irc-study-shows-congos0122.html을 보라(본서의 "르완다와 콩고민주공화국" 편을 보라).

근거로 했기 때문에 번창할 수 있었다고 썼다. 다르푸르의 경우 협상을 통한 해결은 시도해 보지도 않았고, 무력의 사용도 자칭 자비로운 서양인들이 검은 피부의 희생자들을 아랍계 고문자들로부터 구원한다는 명분으로 결정되었다."[17] 이런 조건 하에서는 콩고의 기념비적 유혈사태를 멈추게 하려는 캠페인은 늦춰질 수밖에 없었으며, 그동안 이라크, 아프가니스탄, 파키스탄, 팔레스타인은 잠시의 멈춤도 없이 피를 흘려야 했다.

2009년 8월 나이지리아의 마틴 아과이(Martin Agwai) 장군은 UN-아프리카연합 다르푸르 평화유지군의 사령관직을 퇴임하면서 기자들에게 이렇게 말했다 : "오늘 현재로 나는 다르푸르에서는 전투가 벌어지지 않고 있다고 말할 수 있습니다. 군사적인 관점에서는 할 일이 별로 없습니다. 남은 문제는 치안입니다. 약탈행위 … 이곳 사람들은 지역적인 차원의 토지와 물 문제를 폭력에 의존하여 해결하려 합니다. 나는 진짜 전쟁은 끝났다고 봅니다."[18] 뉴욕 타임스는 아과이의 기자회견을 다룬 기사에서 그가 "다르푸르의 전쟁은 근본적으로 끝났다"고 말했다고 보도했다.[19] 로이터 통신은 "다

17. Steven Fake and Kevin Funk, *The Scramble for Africa : Darfur—Intervention and the USA*(New York : Black Rose Books, 2009), 특히 제8장 "Darfur Activism—Aiding the Victims or the Superpower?"를 보라.
18. 헤븐(Andrew Heavens), "수단의 다르푸르에 이제 전쟁은 없다—평화유지군 사령관 표명," 로이터 통신, 2009. 8. 27.
19. 맥파쿼(Neil MacFarquhar), "다르푸르 전투가 소강상태에 들어가자 U.N. 관리들 남부 수단에 주목," *New York Times*(2009. 8. 28).

르푸르에서 발생한 분쟁을 두고 활동가들은 하르툼 정부에게 학살의 혐의를 씌웠다. 아과이는 다르푸르에서 발생한 폭력사태의 수준을 낮게 평가한 마지막 고위인사가 되었다"고 보도했다.

아과이의 발언이 보도되자 다르푸르 구원 연맹(Save Darfur Coalition)이 즉각 반박에 나섰다. 국제위기 그룹의 멤버로 활동한 전력이 있고 다르푸르 "학살" 반대활동의 전문가인 존 프렌더가스트는 아과이가 "다르푸르에서의 전쟁이 끝났다고 믿게 함으로써 이 문제를 해결하려는 국제적인 긴급활동을 방해하고 있다. 그는 국제활동의 바람을 빼고 있다"고 말했다.[20] 프렌더가스트가 주도하는 이너프 프로젝트(Enough Project)—"학살과 인도주의에 반하는 범죄를 방지하기 위한 상설 활동기구"로서 프렌더가스트가 2007년에 공동 창설했다[21]—는 그 무렵 '약속 이행 : 지금 다르푸르에서'(Keep the Promise : Darfur Now)란 캠페인을 막 시작한 참이었는데, 이 켐페인에는 지금 당장 학살중지(Stop Genocide Now), 학살 개입 네트워크(Genocide Intervention Network), 학살반대 투자자(Investors Against

20. *Ibid*.

21. Enough Project의 "About Us"난, http://www.enoughproject.org/about (최종 접속 2009. 10)를 보라. 이 난의 첫 단락은 이렇게 설명하고 있다 : "이너프 프로젝트(Enough Project)는 학살과 인도주의에 반하는 범죄를 막는 활동을 지원한다. 미국과 국제사회는 인도주의에 반하는 범죄에 대해 지켜보자는 태도를 보인 적이 너무 많다. 이것은 옳지 못하다." 물론 이너프 프로젝트는 미국이 방관자가 아니라 가해자인 경우의 대량 잔혹행위에 대해서는 언급하지 않고 있다.

Genocide) 같은 단체가 참여하고 있었다.[22] 전세계적으로 존경받는 수단 전문가의 한 사람인 알렉스 드 와알(Alex de Waal)은 프렌더가스트의 반응에 대해 분노를 표시했다. 드 와알은 자신의 블로그에 올린『다르푸르 제대로 이해하기』(*Making Sense of Darfur*)라는 글에서 다음과 같이 썼다 : "[프렌더가스트가 벌이는] 캠페인은 수단 내부적 해법이 아니라 국제적(이 부분을 미국이라고 바꿔 읽어보라) 대책이며, 이미 끝난 살인을 멈추도록 미국의 압력을 강화할 목적으로 일어난 적이 없는 학살을 겨냥하고 있는 이 캠페인은 다르푸르 구원 연맹이 얼마나 빈약한 정보를 근거로 하고 있는지를 보여주고 미국을 바보스럽게 만들고 있다. … 다르푸르 구원 연맹은 수단을 위하지도 않고 다르푸르를 위하지도 않는다. 그것은 상상 속의 감정이입이며, 미국의 내부적 정치 의제를 제시하고 있을 따름이다. 프렌더가스트와 동료 '활동가' 여러분, 부끄러운 줄 아시오. 부끄러운 줄 아시오, 부끄러운 줄 아시오, 부끄러운 줄 아시오."[23]

그러나 서방국가의 관료들, 코피 아난 UN 사무총장, NGO들, "인권운동" 명망가들, 그리고 뉴스 미디어는 이미 오래 전에 다르푸르 위기를 무슬림 아랍계 가해자가 흑인 아프리카계를 핍박하는

22. "Keep the Promise : Sudan Now" 캠페인 홍보 웹페이지를 보라. 맨 아래쪽에 이 캠페인에 참여한 6개 단체의 이름이 나온다. http://www.sudanactionnow.com(최종 접속은 2009. 10).

23. Alex de Waal, "'Save Darfur' : Fast the Eid!" *Making Sense of Darfur*(2009. 9. 14), http://blogs.ssrc.org/darfur/2009/09/14/save-darfur-fasting-at-eid.

"학살"로 규정하는 데 성공했고, 따라서 다르푸르는 사악한 학살로 분류되어 있었다. 다르푸르로 관심과 감성을 집중시키는 작전이 성공함에 따라 아프가니스탄, 이라크, 가자지구 등에서 벌어진 서방국가가 보다 직접적으로 조종하는 폭력은 훌륭하게 이목을 벗어날 수 있었다. 이 책 전체에 걸쳐 드러나고 있듯이 이것은 잔혹행위 관리 프로그램의 표준적인 작동방식이다.

2. 보스니아와 헤르체고비나

1990년대에 유고슬라비아 연방공화국이 해체되는 과정에서 미국, 독일, NATO와 유럽연합은 통일 연방국가에서 이탈하려는 민족 그룹을 지원하고 오랫동안 연방을 유지하려 노력했던 세르비아 민족을 반대했다. 서방국가들은 처음에는 크로아티아인과 슬로베니아인, 다음으로는 무슬림인 보스니아인, 마지막으로는 알바니아계 코소보인들의 든든한 후원자 역할을 했다.[24)]

24. 이와 같은 비판적인 견해와 코소보의 종파분쟁뿐만 아니라 폭풍작전에 대해 비판적인 견해를 가진 저서와 논문으로서는 Susan L. Woodward, *Balkan Tragedy : Chaos and Dissolution After the Cold War* (Washington, D.C. : Brookings Institution, 1995) ; Robert M. Hayden, *Blueprints for a House Divided : The Constitutional Logic of the Yugoslav Conflicts* (Ann Arbor, MI : University of Michigan Press, 1999) ; Philip Hammond와 and Edward S. Herman, *Degraded Capability : The Media and the Kosovo Crisis* (Sterling, VI : Pluto Press, 2000), 19-30에 수록된 David Chandler, "Western Intervention and the Disintegration of Yugoslavia, 1989-1999" ; Diana Johnstone, *Fools' Crusade : Yugoslavia, NATO and Western Delusions* (New York : Monthly Review Press, 2002) ; Peter Brock,

보스니아와 헤르체고비나 전쟁(1992-1995)과 코소보 전쟁(1998-1999)은 미국과 유럽 전체에서 지대한 관심의 대상이 되었고, 이후 구 유고연방 범죄처리 국제재판소(International Criminal Tribunal for the Former Yugoslavia)가 설치되었다. 이 재판소는 NATO와 그 하수인들(보스니아 이슬람계, 크로아티아, 코소보 알바니아계)의 이익을 확실하게 챙겨주었다. 이 두 전쟁은 NATO의 지원을 받았고 심지어 NATO가 직접 수행했기 때문에, 또한 민족 간의 살인행위가 있었기 때문에 세르비아가 벌인 작전에 재빨리 "인종청소"라는 딱지뿐만 아니라 "대살육"과 "학살"이란 딱지까지 붙게 된 것은 지극히 당연한 일이었다. "집단수용소", "강간수용소", 나치의 아우슈비츠와 유사한 행위 등 날조된 얘기로 세르비아의 악과 폭력이 너무나 부풀려진 탓에 미국 정보기관의 사라예보 분실에서 일했던 전직 정보요원 존 스레이(John Sray) 중령 같은 사람은 보스니아 전쟁이 끝나기도 전에 공개석상에서 "로버트 맥나마라(Robert McNamara)가 베트남전을 확대하기 위해 정교한 계획을 세워 미국인들을 속인 이후로 지금처럼 미국인이 속은 적은 없다. … 대중이 이슬람계 보스니아 정부를 믿게 된 것은 … 선전기관들의 활약 덕분이다. 보스니아가 고용한 홍보전문 회사, 박물학자인 척하는 미디어, 미국 국무성의

Media Cleansing : Dirty Reporting, Journalism and Tragedy in Yugoslavia (Los Angeles : GM Books, 2005) ; Edward S. Herman and David Peterson, "The Dismantling of Yugoslavia : A Study in Inhumanitarian Intervention," *Monthly Review* 59(2007. 9), http://www.monthlyreview.org/1007herman-peterson1.php 등이 있다.

동조자들이라는 기묘한 세 파트너가 손을 잡고 무슬림의 목표를 관리하고 조작하였다"고 말하는 지경이었다.[25)]

보스니아 무슬림 지도자들은 내전이 시작된 지 9개월 만인 1993년 초부터 20만 명의 보스니아인들이 살해되었다고 주장하기 시작했다.[26)] 이 숫자와 좀더 부풀려진 25만이란 숫자는 곧바로 주류 미디어에서 기정사실이 되었고, 따라서 보스니아 무슬림을 보호하기 위해 외부에서 개입해야 한다는 주장이 정당화되었다. 그러나 이런 주장은 2005-2007년 사이에 나온 두 개의 상이한 조사결과—하나는 다름 아닌 구 유고연방 범죄처리 국제재판소가 실시했고 다른 하나는 노르웨이 정부가 실시한 것이다—덕분에 파탄이 났다. 두 조사보고서는 교전 쌍방의 민간인과 군인 모두를 포함한 사망자 수는 10만 명이라고 밝히고 있다.[27)] 두 보고서가 근거한 자료들을 보

25. John E. Sray, "Selling the Bosnian Myth to America : Buyer Beware," Foreign Military Studies Office Publications, Department of the Army(1995. 10), http://fmso.leavenworth.army.mil/documents/bosnia2.htm.
26. 예컨대 Barry Schweid의 기사, "보스니아 지도자, 미국의 지원을 호소," AP통신(1993. 1. 8)을 보라. Schweid는 "미국으로부터 군사개입 요청을 거절당한" 보스니아의 무슬림 대통령 알리야 이제트베고비치(Alija Izetbegovic)가 뉴욕의 기자회견에서 "보스니아의 세르비아인들의 공격으로 9개월 동안 약 20만 명이 사망했다"고 말했다고 해석한다.
27. 두 조사보고서에 관해서는 Ewa Tabeau and Jakub Bijak, "Warrelated Deaths in the 1992-1995 Armed Conflicts in Bosnia and Herzegovina," *European Journal of Population*, Vol. 21(2005. 6), 187-215를 보라. Tabeau와 Bijak는 모든 당사자들의 전쟁과 관련된 사망자 합계는 102,

면 결론을 간단히 "홀로코스트 부정"이나 "수정주의"라고 치부하기는 어렵지만 서방세계의 미디어는 이를 인정하지 않았다. 이후로 서방 미디어들은 점진적으로 20-25만이란 숫자를 지워나갔으나 왜 말 같지도 않고 입증되지도 않은 보스니아 무슬림 선전가들의 주장을 무비판적으로 받아들였는지는 해명한 적이 없다.

1995년의 "스레브레니카 학살"은 보스니아에서 실제로 "학살"이 일어났다는 증거로서 집중조명을 받았고 엄청난 분노를 유발했다. 이것이 보스니아 주둔 세르비아군 지휘관 라디슬라브 크르스틱(Radislav Krstic) 장군에 대한 구 유고연방 범죄처리 국제재판소의 판결에도 영향을 미쳤다. 크르스틱 장군은 재판에서 "소규모의 지리적 범위"(스레브레니카 마을)에서 학살이 일어났을 수도 있지만 가해자 측은 여성과 어린이 그리고 노인들을 안전지대로 이송했다고

622명이며, 그 중 55,261명(54%)은 민간인이며 47,360명(46%)은 전투원이라고 추정한다. 또한 Patrick Ball et al., *Bosnian Book of the Dead : Assessment of the Database*, Research and Documentation Center, Sarajevo (2007. 7), http://www.idc.org.ba/presentation/content.htm을 보라. 이들 연구자는(Ewa Tabeau도 포함되어 있다) 사망자 합계는 97,207명이며, 그 중 57,523명(59.2%)은 군인이며 39,684명(40.8%)은 민간인이라고 추산한다. 이들은 또한 사망자를 인종별로 분류해 놓았다 ("Research Results" 〉 "Bosnia and Herzegovina," 슬라이드 35를 보라).

〈슬라이드 35 : 1991-1995년 군사상황에서의 인종별 사망/실종자 수〉

	보스니아인	세르비아인	크로아티아인	기타
군인	30,966	20,830	5,625	102
민간인	33,070	4,075	2,163	376

주장했다. 다시 말하자면 "징집 적령기의 보스니아 무슬림 이외에는 살해되지 않았다"는 것이다.[28] 마이클 멘들(Michael Mandel)이 말한 바에 따르면 "이 판결에서 학살은 순전한 인종청소가 아니라 전시에 군사적 우위를 확보하기 위해 잠재적 전투원을 살해한 행위로 바뀌었다. 크르스틱 재판에서 학살이란 개념은 단지 선전일 뿐, 전체 인구를 근절하는 프로그램이라는 의미의 홀로코스트와는 관련이 없다는 사실이 밝혀졌다."[29] 스레브레니카에서 8천 명의 "남자와 소년들"이 처형되었다는 주장은 근거가 매우 희박하다. 전투 중 사망자와 처형당했다는 사람을 구분하지도 않았고(1995년 7월 스레브레니카에서는 여러 차례 전투가 벌어졌다), 의문점이 많은 증언(대부분이 기소면죄를 조건으로 한 강제적 증언[30])과 철저하게 악마화된 세르비아인들의 이미지를 믿고 싶어하는 열망으로 가득 찬 증거들이 채택되었다. 믿을 만한 서방의 전문가들이 스레브레니카에서 8천 명이 처형되었다는 증거라고 분석된 보스니아의 세르비아인들이 보스니아 무슬림 6명을 살해하는 장면을 담았다는 비디오테이프도

28. *Judgment, Prosecutor v. Radislav Krstic*(IT-98-33-T), 구 유고연방 범죄처리 국제재판소(2001. 8. 2), 589-598을 보라.
29. Michael Mandel, *How America Gets Away With Murder : Illegal Wars, Collateral Damage, and Crimes Against Humanity*(Ann Arbor, MI : Pluto Press, 2004), 159를 보라.
30. George Szamuely, "Securing Guilty Verdicts : The Abuse of Witness Testimony at The Hague"[(Edward S. Herman 편저, *The Srebrenica Massacre : Evidence, Context, Politics*, 근간)에 수록]을 보라.

배경이 스레브레니카와는 먼 곳이고 출처도 의심스러웠다.[31)]

서방세계가 생각하는 모습 그대로의 학살이 스레브레니카에서 발생했다고 하더라도 보스니아의 사망자 합계(전투원과 비전투원을 합해 10만)는 이례적이라고 하지 않을 수 없으며, 더 나아가 4년 동안의 "학살"에서 보스니아 무슬림 민간인의 희생자 수(3만 3천 명 가량)도 이라크의 13년 동안의 "제재와 대량파괴"와 지금도 진행 중인 7년 동안의 침공과 점령에서 발생한 희생자 수에 비하면 무색해진다. 제재 기간 중 이라크인 희생자 수가 80만이고 침공과 점령 기간 동안의 이라크인 희생자 수가 100만인 것과 비교할 때 보스니아 무슬림 민간인 희생자 수는 각기 1/24과 1/30이다. 그런데도 [표 1]에서 보듯이 보스니아의 경우 "학살"이란 표현은 제재-대량파괴 기간보다 6배, 침공-점령 기간보다 17배나 더 많이 등장한다. 단어 사용의 이러한 이례적 비대칭(과 차별적 관심과 분노의 표출)은 미디어와 지식인들이 서방 기득권 정치집단의 선전을 무비판적으로 수용했기 때문이라는 이유 말고는 달리 설명할 길이 없다. 그들은 사악한 학살에는 극도로 민감하고 격정적인 데 반해 건설적인 학살에 대해서는 과도하게 침묵하거나 "복합적인" 감정을 드러낸다.

31. 팀 주다(Tim Judah)와 데니얼 선터(Daniel Sunter), "세르비아를 옭아맨 비디오테이프는 어떻게 세상에 나왔나," *The Observer*(2005. 6. 5)를 보라. 이 비디오테이프는 밀로세비치 재판에서 증거로 채택되지 않았는데도 주다와 선터는 비디오테이프가 "결정적 증거", 즉 "7,500명의 보스니아 무슬림 남성이 살해된 스레브레니카 잔혹행위의 최종적이고 부정할 수 없는 증거"라고 주장했다.

3. 코소보

코소보의 경우에도 서방국가들은 유고슬라비아를 공격하여 해체하는 작전에서 세르비아인들에게 살해당한 주목할 가치가 있는 희생자들의 숫자를 부풀려서 세르비아인들을 미리 악마로 만들어 놓음으로써 코소보에 대한 NATO군의 폭격과 점령 및 신식민지주의적 지배의 사전적이고 사후적인 명분을 준비했다. NATO는 자신의 행위를 정당화하고 주 공격대상을 기소하고 처벌할 도구가 필요했고, 그래서 애초부터 NATO의 사이비 사법도구로 만들어진 구 유고연방 범죄처리 국제재판소는 이 과정에서 중요한 역할을 했다. 발칸 전쟁에서 세르비아인들이 오웰식의 "합동 범죄사업"을 벌였다고 비난받았지만 진정한 의미에서 "합동 범죄사업"을 벌인 쪽은 NATO였다.[32)]

32. "합동범죄사업"이란 말은 구 유고연방 범죄처리 국제재판소가 슬로보단 밀로세비치를 크로아티아 사태 관련으로 기소한 1차 기소장(IT-01-54, 2001. 9. 27, 5-9)에서 처음 사용되었으며, 밀로세비치를 코소보 사태 관련으로 기소한 2차 추가 기소장(IT-99-37, 2001. 10. 16, 16-18)에서도 사용되었고, 마지막으로는 밀로세비치를 보스니아

보스니아 전쟁에서 세르비아인들의 행위를 매도하는 데 "학살"이란 용어가 흥청망청 사용되었듯이 코소보에서 세르비아인들의 행위에 대해서도 1999년 3월 24일-4월 10일의 NATO 폭격이 있기 전은 물론이고, 전쟁이 진행되는 동안과 끝난 후에도 "학살"이란 용어가 동원되었다. 폭격전이 시작되기 전 해에 NATO가 공격을 준비하고 있을 때 구 유고연방 범죄처리 국제재판소도 코소보의 알바니아인들에 대한 세르비아인들의 학대행위를 겨냥하고 있었고,[33] 서방국가의 관료들과 구 유고연방 범죄처리 국제재판소, 서방세계의 미디어는 세르비아인들의 악행에 대해 비난과 선전을 꾸준하게 진척시켰다. 이 시기에 코소보해방군(Kosovo Liberation Army : KLA)은 미군으로부터 지원과 훈련을 받고 있었고, 세르비아인들이 도발한다면 미군과 NATO군의 오랫동안 준비해 온 공격을 통해 응징될 것이라는 확실한 언질을 받았다는 움직일 수 없는 증거가 있다.[34] NATO가 공격을 개시한 바로 그날 영국 국방장관 조지 로버

헤르체고비나 사태 관련으로 기소한 기소장(IT-01-51, 2001. 11. 22, 5-9)에서 사용되었다.

33. "U.N. 전쟁범죄 법정, 코소보 사태 조사 개시," DPA 통신(1998. 3. 10) ; 필립 세넌(Philip Shenon), "미국, 세르비아에 경고 메시지를 전달할 발칸전쟁 중재자 파견," *New York Times*(1998. 5. 9).
34. KLA에 대한 암암리의 지원에 대해서는 Tom Walker와 Aidan Laverty, "CIA, 코소보 게릴라 군대를 지원," *Sunday Times*(2000. 3. 12) ; 피터 뷰몽(Peter Beaumont) 외, "CIA의 용병 발칸에서 난동을 부리다," *The Observer*(2001. 3. 11) ; James Bissett, "우리는 괴물을 키웠다," *Toronto Globe and Mail*(2001. 7. 31)을 보라.

트슨(George Robertson)은 의회에서 1999년 1월에 코소보에서 세르비아인들에게 살해당한 사람보다 코소보해방군에게 살해당한 사람이 더 많다는 사실을 기꺼이 인정했다.[35] 1998년 초 이후로 코소보에서 살해당한 사람의 숫자는 2천 명으로 추산되는데, 그 중에서 세르비아군에게 살해당한 사람은 500명이었다.[36]

폭격에 이어서 코소보에서는 세르비아군과 코소보해방군 사이에 치열한 전투가 벌어졌고, 세르비아인뿐만 아니라 코소보의 알바니아인들이 살해당하거나 대량으로 코소보를 탈출했다.[37] 미국, 독

35. 조지 로버트슨(George Robertson), 영국 의회 국방문제 특별위원회에서의 증언, 영국 하원(1999. 3. 24), 391. 로버트슨의 증언을 정확하게 옮기면 다음과 같다 : "올해 초까지의 라차크 상황을 말하자면 코소보해방군이 책임져야 할 죽음이 유고슬라비아 당국이 책임져야 할 죽음보다 더 많다."
36. 2천 명이란 숫자에 관해서는 "세르비아군의 공격 후 훼손된 시체 발견," *New York Times*(1999. 1. 17) ; 바톤 겔만(Barton Gellman), "미국과 동맹국, 세르비아 공격을 명령," *Washington Post*(1999. 3. 24)를 보라.
37. NATO의 1999년 폭격 중과 그 이전에 코소보로 유입된 인구는 인종청소와 강제추방과 상관 있는 것이 아니라 전투의 격화, 전투지역에서의 코소보해방전선군의 작전상의 이동, 분쟁지역에 살고 있는 상대적으로 밀집된 민족집단 등 군사전략적 요인과 관계가 있었다. 코소보 내에 분포된 27개의 지방자치체 전체에서 알바니아계가 일률적으로 코소보를 탈출하지는 않았다. 뿐만 아니라 알바니아계가 코소보를 탈출한 유일한 민족도 아니었다. 전투가 벌어지고 있는 지역의 인종집단은 예외없이 이동했다. 코소보 내에서 코소보해방군의 세력이 미약한 지역에서는 전투횟수도 상대적으로 적었고, 따라서 난민의 유출도 적었다. NATO의 폭격이 시작된 1999년 3월 24

일, 영국 정부의 관료들은 세르비아인들이 대량살인을 저질렀으며 학살이 진행되고 있다고 분노에 찬 비난을 쏟아냈다. NATO가 전쟁을 시작하고 나서 며칠 되지 않아 독일 국방장관 루돌프 샤르핑(Rudolf Scharping)은 "이곳에서 학살이 시작되고 있다"고 주장했고, NATO 대변인 제이미 쉬어(Jamie Shea)는 "우리는 지금 중대한 인도

일 이전에는 특히 그러했다. 유럽안보협력기구가 발표한 보고서 *Kosovo/Kosova : As Seen, As Told, The human rights findings of the OSCE Kosovo Verification Mission October 1998 to June 1999*, 특히 제3부 제14장 "Forced Expulsion," 146–162 ; 제5부 "The Municipalities," 226–585, http://www.asylumlaw.org/docs/kosovo/osce99_kosovo_asseenastold.pdf를 보라. 이 문제와 관련해서는 또한 Noam Chomsky, *A New Generation Draws the Line : Kosovo, East Timor and the Standards of the West*(Verso, 2000), 114ff.를 보라. 촘스키는 "유럽안보협력기구의 보고서에서 '이상한 부분'을 찾아낸" 뉴욕 타임스 기자 David Binder의 기사내용을 요약하여 소개하고 있다 : "폭격이 진행되는 동안 알바니아계의 46%와 세르비아계와 몬테네그로계의 60%가 코소보를 떠났다. 그렇다면 비율로 보아 폭격이 진행되는 동안 세르비아계가 더 많이 떠난 셈인데, 이들은 코소보로 돌아오지 않았다"(114). 마지막으로 영국 기자 프렌티스(Eve-Ann Prentice)가 슬로보단 밀로세비치 재판에서 변호인 측 증인으로 나와 증언한 내용을 보라. NATO의 폭격기간 동안에 그토록 많은 알바니아계 코소보인들이 코소보를 탈출했던 점을 어떻게 생각하느냐는 질문을 받은 프렌티스는 달리 답변했다 : "평범한 알바니아계 민간인들은 … 세계가 지켜보고 있으므로 떠나는 것이 애국적 의무이며 … 탈출의 대열에 참여하지 않는 사람은 알바니아 민족의 긍지를 손상시키는 존재라는 얘기를 나는 여러 곳에서 들었습니다. … 그들은 알바니아계 지도자들로부터 탈출에 참여하는 것이 애국적 의무라는 얘기를 듣고 코소보를 떠났

주의의 재앙에 직면해 있다. … 이런 재앙은 제2차 세계대전 종전 이후로 유럽에서 일어난 적이 없다"고 하였다.[38] NATO와 코소보해방군은 실종되거나 살해된 코소보의 알바니아인이 10만에 육박한다는 신경질적인 추산을 제시했고, 미국 국무부는 50만에 이른다는 보도자료를 내놓았다.[39] 독일 정부 관료들은 코소보의 알바니아인을 멸종시키고 세르비아인들로 채우려는 '편자작전'을 준비해두고 있다는 "정보"를 흘렸는데, 후에 이 정보는 조작된 것임이 밝혀졌다. 코소보해방군 사령관 하심 타치(Hashim Thaci)는 독일 텔레비전 방송과의 인터뷰에서 10만 명의 알바니아인들이 프리스티나에 있는 축구장에 수용되어 있으며, 그들의 운명은 알려지지 않을 것이라고 말했다. 미국 국방장관 윌리엄 코언(William Cohen)은 CBS TV의 '페이스 더 네이션'(*Face The Nation*) 프로그램에 출연하여 밀로세비치가 "150만 명을 추방했고 징집 적령기의 남자 10만

으며 … 그래서 코소보를 떠나는 것처럼 보이게 하려 했던 것입니다"[Eve-Ann Prentice의 증언, *Prosecutor v. Slobodan Milosevic*(IT-02-54, 2006. 2. 3), 47908-47909].

38. 조지 얀(George Jahn), "NATO가 전력을 증강하는 사이에 코소보 학살 비난의 물결," AP 통신(1999. 3. 28).

39. "코소보의 인종청소," 미국 국무부(1999. 4. 19), http://www.state.gov/www/regions/eur/rpt_990416_ksvo_ethnic.html. "구금"이란 제목 아래 이 보도자료는 다음과 같이 적고 있다 : "우리는 실종자들의 안위를 심각하게 우려한다. 알바니아 난민 가정의 실종자만 하더라도 최소한 10만이며 코소보 내의 구금시설에 남성들이 분리 수용되어 있다는 보도가 사실이면 최대 50만이 된다."

명이 실종되었다"고 말했다.[40)]

전쟁이 시작되고 나서 첫 몇 달 동안 법의학 전문가와 미디어 특파원들이 메뚜기떼처럼 코소보로 몰려와 시체와 학살 얘기를 찾으러 돌아다니는 전시 선전전을 벌였으나[41)] 입증할 수 없는 주장과 거짓말에 좌초했다. 코소보 학살의 증거찾기 운동에 가해진 최후의 일격은 충분한 시체가 존재하지 않는다는 점이었다. 결국 찾아낸 시체는 세르비아인과 군인들을 포함하여 총 4천여 구에 불과했다. 실종자 수는 2007년 중반에 이르러서도 2,047명이었다.[42)] 우리는

40. "편자작전"에 관한 얘기는 제프리 스미스(R. Jeffrey Smith)와 윌리엄 드로지악(William Drozdiak), "정교하게 준비된 세르비아의 공격," *Washington Post*(1999. 4. 11) ; 하심 타치(Hashim Thaci)에 관한 얘기는 Marie Colvin 외, "무고한 사람들에 대한 살육," *Sunday Times*(1999. 4. 4) ; 국방장관 윌리엄 코언(William Cohen)의 평가에 관해서는 Bob Schieffer, *Face The Nation*, CBS-TV(1999. 5. 16)를 보라. 마지막으로 "편자작전"의 진상에 관해서는 Heinz Loquai, *Der Kosovo-Konflikt. Wege in einen vermeidbaren Krieg*(Baden-Baden : Nomos, 2000)를 보라. Loquai 저서의 영문 제목은 "The Kosovo Conflict : The War That Could Have Been Avoided"이다.
41. 말리스 사이먼스(Marlise Simons), "여러 나라의 조사관들, 전쟁범죄 조사 시작하다," *New York Times*(1999. 6. 15) ; Julian Borger, "쿠크, 살인자들에게 응당의 대가를 약속 ; 외무장관, 대량살육의 현장은 NATO의 대응을 정당화시켜 준다고 주장," *The Guardian*(1999. 6. 24).
42. 칼라 델 폰테(Carla Del Ponte), "대언론 설명서"(FH/P.I.S./550-e), 구유고연방 범죄처리 국제재판소(2000. 12. 20, 16), http://www.un.org/icty/pressreal/ p550-e. htm ; 국제적십자회, "Kosovo : 국제적십자회 '실종자 명단 보증판 배포'"(2007. 8. 29), http://www.icrc.org/

[표 1]에서 코소보에서의 세르비아인들의 행위에 "학살"이란 단어를 동원한 기사가 323건이나 되는 데 반해 이라크에 대한 "제재와 대량파괴" 및 침공-점령의 경우는 80건밖에 되지 않는다는 사실을 확인할 수 있는데, 이라크의 두 사건에서 발생한 사망자의 숫자는 코소보보다 각기 200배와 250배이다. 이보다 더 심각하게 편향된 평가와 인식은 찾아볼 수가 없다. 그렇지만 관료들, 미디어, 인도주의를 부르짖는 유명인사들이 거짓말과 시체 숫자 부풀리기에 대해 사과하거나 왜 그런 짓을 했는지 해명한 적은 없다.

web/eng/siteeng0. nsf/htmlall/kosovo-news-290807?opendocument.

4. 르완다와 콩고민주공화국

본서의 저자들은 다른 기회에 유고슬라비아 연방의 해체가 "지난 20년 동안에 일어난 주요 사건 가운데서 가장 왜곡되게 알려진 경우"라고 쓴 적이 있다.[43] 그러나 같은 기간 동안에 중앙아프리카의 대호수 지역에서 일어난 훨씬 더 참혹한 침공과 반란 및 내전이 이보다 더 왜곡되게 알려진 경우라고 할 수 있을 것이다.

서방세계의 주요 부문이 가해자와 희생자를 완전히 뒤바꾼 르완다 사태에 대한 선전문구를 얼마나 무비판적으로 받아들였는지를 알면 놀라움을 금할 수 없다. 파리에 있는 휴먼 라이츠 워치와 국제인권연맹이 1999년에 발표한 "르완다 학살"은 자주 인용되는 자료인데, 이 조사 보고서에서 엘리슨 데스 포지스(Alison Des Forges)는 "1994년 3월 말 후투족 지도자들은 투치족을 대량살육하고 같은 [후투족 출신인] 대통령 하비야리마나(Habyarimana)를 반대하기로 결정"했으며, 1994년 4월 6일 하비야리마나 대통령이 암살되자 "그

43. Herman and Peterson, "The Dismantling of Yugoslavia," 1.

의 소규모 측근 집단이 … 계획된 멸종작전을 실행하기로 결정했다"고 썼다. "하비야리마나 살해범을 밝혀내는 일은 심각한 문제"이기는 했지만 "학살의 책임자를 찾아내는 일에 비하면 아무것도 아니었다. 우리는 하비야리마나가 어떻게 살해되었는지 알지 못하지만"—이 말은 아래에서 보는 것처럼 거짓이다—"수개월 동안 준비한 살육작전을 시작할 명분으로서 누가 이 암살사건을 이용했지는 알고 있다." 이건 맞는 말이다. 그러나 사실관계는 엘리슨이 보고서에서 쓴 것과는 전혀 반대이다.[44)]

후투족 출신의 전직 장교 네 사람에 대한 르완다 범죄처리 국제재판소의 재판에 증인으로 출석한 데스 포지스는 1992년 4월("학살"이 실행되었다는 시점보다 24개월 전)에 "르완다 정부에는 투치족의 대표를 포함한 여러 정당이 참여하고 있었으며, 그렇기 때문에 이 정부가 학살을 계획하고 있었다는 결론을 내리기는 불가능하다"고 인정했다.[45)] 데스 포지스는 연합정부에 참여한 후투족 출신이 개인적으로 "공권력"을 이용하여 사전에 계획해둔 학살을 실행했다는 후투족 음모설을 부각시키려 애썼으나 이 극본은 교차 검증에서 파탄이 났다.[46)] 데스 포지스는 후투족 "개인"이 어떻게 정부에

44. Allison Des Forges et al., *"Leave None to Tell the Story" : Genocide in Rwanda*(New York : Human Rights Watch, 1999), 구체적으로는 "The Attack on Habyarimana," 5-6, 185.
45. *Prosecutor v. Augustin Ndindiliyimana* 외(or *Military II*)(ICTR-00-56-I), 발췌본(2006. 9. 19, 4, 13-22행)을 보라.
46. 검찰 측 증인 데스 포지스(Alison Des Forges)의 보다 상세한 증언내용

함께 참여한 투치족과 르완다애국전선 동료들의 눈을 피해 "공권력"을 사용할 수 있었는지 설명하지 못했다. 뿐만 아니라 그녀는 친르완다애국전선 성향의 장관들이 르완다애국전선과 결탁하여 전쟁계획(아래에서 설명할 것이다)을 세웠고, 하비야리마나 암살 후에 르완다애국전선이 후투족이 조직한 살육의 향연에 맞서 단순히 자위적인 차원에서 대응한 것이 아니라 스스로 살육의 향연을 주도했다는 사실을 인정하지 않을 수 없었다. 달리 말하자면, 르완다의 권력분점 정부에 참여한 후투족 멤버들이 투치족에 대한 학살을 계획할 수 없었던 반면에, 투치족이 이끄는 르완다애국전선은 자신들이 질 것이 분명한 자유로운 선거의 위험을 피하고 후투족 출신 대통령을 암살하기 위해, 그리고 군사력으로 이 나라를 손에 넣기 위해 자신들이 세운—그리고 실행한—계획에 대한 정부의 대처를 무력화시킬 수 있는 유리한 위치에 있었다. 그러나 데스 포지스가 르완다 범죄처리 국제재판소에서 시인한 내용은 서방세계의 미디어에 전혀 보도되지 않았고, 이후로 그녀는 죽을 때까지 후투족 음모설을 주

은 *Prosecutor v. Augustin Ndindiliyimana* 외(2006. 9. 18-2006. 10. 16)를 보라. 이 증언은 도합 17일 동안 진행되었다. 르완다의 민간 정보기구가 친르완다애국전선파 장관의 지휘 하에 있었고 권력분점 협정에 따라 친르완다애국전선파 세 사람이 연이어 총리 자리에 있었으며 정부 전복을 목표로 내세웠던 투치족이 주도하는 르완다애국전선이 정부군에 흡수되어 "통합군"을 구성하고 있었던 실제 상황 때문에 9월 21일부터 시작된 데스 포지스의 증언내용(표준적인 "후투족 음모설")은 모든 면에서 부정될 수밖에 없었다.

장하는 글들을 되풀이하여 발표했다.[47)]

"학살"의 표준적인 유형에 비추어 본다면 1994년 4월–7월 시기 훨씬 이전인 1990년 10월 1일 독재자 요웨리 무세베니 대통령 치하의 우간다군이 르완다를 침공했을 때 시작된, 르완다애국전선에 의한 후투족 대규모 살육과 인종청소는 부정되지 않으면 안 된

47. 데스 포지스(Alison Des Forges)는 2009년 2월 12일 통근 비행기 편으로 뉴욕 주 버팔로 시의 자택으로 돌아오던 중 비행기 추락사고로 숨졌다. 휴먼 라이츠 워치의 집행이사 케네스 로스(Kenneth Roth)는 조사를 통해 오랜 동료인 그녀를 "후투족을 처벌하는 데 중심적인 역할을 했다"고 칭송했다["인권운동의 영웅," *Huffington Post*(2009. 2. 15)]. 데스 포지스가 르완다 범죄처리 국제재판소에서 후투족을 기소하고 범죄현장에서 후투족을 비난하는 데 열정적으로 나선 것은 사실이지만 그녀의 "전문가적 권위"라는 것이 르완다에 관한 연구에서 나왔다기보다는 그녀가 지칠 줄 모르는 "후투족 음모설"의 지지자였다는 점, 그리고 그녀의 주장이 미국과 영국의 공식입장으로 채택되었다는 점에서 나왔다. 1991년 데스 포지스는 미국 정부의 대표자격으로, 그녀 자신의 말을 빌리자면 "나의 지식을 정책에 반영하기 위해" 르완다로 갔다. 후에 그녀는 "새로운 것이라고 한다면 미국 정부와의 관계였다. 나는 1992년 7월에 미국 정부의 고문 직책을 가지고 다시 한번 예전처럼 이 나라의 민주화를 도울 목적으로 르완다로 갔다. 그 후 나는 1993년 1월 초에 르완다의 인권침해 실상을 조사하는 국제위원회의 공동의장이 되어 다시 르완다로 갔다." [여기서 인용한 발언은 데스 포지스가 장 폴 아카야수를 기소한 르완다 범죄처리 국제재판소 검찰관 앞에서 한 증언이다. *Prosecutor of the Tribunal Against Jean Paul Akayasu*(ICTR-96-4), 초록(1997. 2. 12), 112-114.] 미국 정부 정책의 실제적인 목표가 최소한 1990년 이후로는 르완다의 정권교체, 구체적으로 말하자면 르완다애국전선에 의한 후투족

다. 르완다애국전선은 애초부터 우간다군의 하급 부대였고 폴 카가메는 1980년대에 우간다군 정보기관의 간부로 일했다. 우간다의 침공과 이어진 전투는 "내란"이 아니라 **침략전쟁**이었다. 그러나 미국이나 영국은 어떤 비난도 하지 않았고 정전을 요구하지도 않았다. 이것은 두 달 전에 이라크가 쿠웨이트를 침공했을 때 안전보장이사회가 당일로 이라크군의 즉시 철수를 결의했던 것과는 대비된다. 안전보장이사회는 1993년 3월까지 아무런 행동을 취하지 않았고, 1993년 6월 말에 가서야 조사단의 파견을 결정했다. 그때쯤 르완다애국전선은 북부 르완다의 대부분을 점령했고 수십만 명의 후투족 농부들을 추방했다.[48)]

무세베니와 르완다애국전선은 미국의 이익에 봉사하고 있었고, 하비야리마나 대통령의 축출이 두 사람의 목표임이 분명해 보였다.[49)]

정부의 축출임과 아울러 이 지역에서 프랑스의 영향력을 제거—프랑스는 후투족 정부를 지지했다—하는 것이었음을 염두에 둔다면, 우리는 1991년 이후부터 데스 포지스의 활동이 대리인 우간다와 르완다애국전선을 내세워 인근 4개국을 조종하려는 미국의 의도를 은폐시키는 데 어떤 도움을 주었을지 쉽게 간파할 수 있다. 요컨대 데스 포지스의 경력이란 것은 중앙아프리카에서 미국의 권력을 투사하는 데 봉사한 것이며 "인권"이란 수사로 포장된 정책 지향의 활동이었다. 이런 활동을 통해 데스 포지스는 한 세대 동안 학자와 활동가들은 물론 평화와 정의를 심각하게 오도했다.

48. 조나단 클레이턴(Jonathan Clayton), "르완다, UN 안전보장이사회에서 반군의 침략을 고발," 로이터 통신(1990. 10. 5) ; UN 안전보장이사회 결의 812호(S/RES/812, 1993. 3. 12) ; UN 안전보장이사회 결의 846호(S/RES/846, 1993. 6. 22)를 보라.

이런 정치적 편향성으로부터 안전보장이사회의 무행동이 비롯되었다. 아프리카에서 미국의 이익을 대변하는 일을 오랫동안 해왔던 전임 국무차관 허만 코언(Herman Cohen)은 재직시절을 회고하는 책에서 "위기의 첫날인" 1990년 10월 1일에 왜 "[미국이] 우간다 무세베니 대통령에게 우간다 육군의 제복을 입은 병사들에 의한 르완다 침공은 용납될 수 없으며, 미국과 우간다의 우호관계는 르완다애국전선을 국경 밖으로 철수시키지 않으면 영향을 받게 될 것이란 의지를 밝히는 정책선택을 자동적으로 포기했을까?"라는 의문을 제기했다.[50] 이런 의문은 순진한 것이기는 하지만 많은 시사점을 내포하고 있다. 우리는 르완다 학살이 진행되고 있던 1994년 4월에 미국이 왜 르완다로부터 UN 평화유지군을 철수시키려고 안전보장이사회를 압박했는지에 대해서도 함께 의문을 제기해야 한다. 두 의문에 대한 해답은 이렇다 : 우간다와 르완다애국전선은 미국이 르완다에서 벌어지기를 기대하던 일을 하고 있었다.

1990년대 초 미국과 그 동맹국들은 르완다 정부가 1959년의 사회혁명을 통해서 이룩한 성과들을 포기하도록 압력을 가함으로써 르완다 정부를 약화시키고 하비야리마나 대통령의 대중적 인기를 떨어트려 소수인 투치족의 경제적 지배력을 강화시키려는 시도를

49. 이런 관점의 움직일 수 없는 증거로는 Robin Philpot, *Rwanda 1994 : Colonialism Dies Hard*(Taylor Report 웹사이트에 게시된 전자문서, 2004), 1-7장, http://www.taylor-report.com/Rwanda_1994.

50. Herman J. Cohen, *Intervening in Africa : Superpower Peacemaking in a Troubled Continent*(New York : St. Martin's Press, 2000), 177-178.

줄기차게 진행해 왔다.[51] 르완다애국전선은 몇 차례의 휴전과 그 밖에 여러 가지 협정을 거쳐 1993년 8월의 아루샤 평화협정을 맺음으로써 마침내 르완다 국내에서 합법적인 지위를 확보하게 되었다. 미국과 그 동맹국들은 르완다 정부를 압박하여 정부군과 르완다애국전선의 병력을 "통합"하고 "과도적" 권력분점 정부를 거쳐 1995년에 전국적인 선거를 실시하도록 했다.[52] 이런 과정을 통해 르완다애국전선은 상대적으로 민주적인 연합정부를 유혈사태로 전복시키고 소수종족의 독재체제를 수립할 수 있었다.

앞에서 이미 암시했듯이 전도된 가해자-희생자 관계의 구조를 유지하기 위해서는 특별한 은폐대책이 필요했다. 4월 6일 르완다 대통령 하비야리마나와 부룬디 대통령 시프리앙 엔타리야미라(Cyprien Ntaryamira)를 태우고 키갈리로 돌아가던 정부 소유의 제트기가 격추되어 탑승자 전원이 사망했다. 이 비행기를 격추시킨 쪽은 르완다애국전선의 특수부대였고, 르완다 정부를 전복시키는 마지막 기습작전의 핵심적 첫 공격인 이 격추작전은 르완다애국전선의 계획이라고 알려졌다. 이 암살사건에 뒤이어 벌어진 대량살육 과정에서 르완다애국전선은 하비야리마나를 계승한 연합정부 측

51. Philpot, *Rwanda 1994 : Colonialism Dies Hard*, 특히 "결론"부분을 보라.

52. 1993년 8월 4일 아루샤에서 체결된 르완다공화국 정부와 르완다애국전선 간의 평화협정, UN 총회 의사록(A/48/824-S/26915, 1993. 12. 23)을 보라. "아루샤" 평화협정은 일곱 부분으로 구성되어 있는데, 첫 번째가 1991년 발효된 엔셀레 휴전협정이다.

의 군사적 저항을 신속하게 물리치고 르완다의 지배권을 장악했다. 이 중요한 "학살"은 당시에나 지금도 (르완다애국전선의 사실상의 희생자인) 후투족 "과격분자"와 인테라함웨(Interahamwe) 민병대의 공격으로부터 르완다의 국가적 통합을 지켜낸 영웅적인 방어행위로 선전되고 있다.

전도된 가해자-희생자 관계의 구조를 유지하기 위해서는 르완다 범죄처리 국제재판소가 2008년 12월에 내린 판결의 핵심 내용도 은폐할 필요가 있었다.[53] 르완다 정부군의 후투족 출신 전직 고위 지휘관 4명에 대한 7년 반에 걸친 재판에서 재판소는 가장 중대한 혐의를 받아온 피고 4명 전원을 무죄로 석방했다. 피고들은 소수종족 투치족에 대한 학살계획을 수립했다는 혐의를 받고 있었다. 이들에 대한 혐의와는 정반대로 법정은 만장일치로 "제시된 증거는 르완다애국전선과의 전쟁수행 과정에서 정치적 또는 군사적 권력투쟁의 일환이었다는 주장과 합치하며, 전쟁은 1994년 4월 6일 이후로 다른 목적에 이용되었다"고 판결했다.[54] 1994년 4월 이전부터

53. *Judgment, The Prosecutor v. Théoneste Bagosora* 외, 사건의 판결문(ICTR-98-41-T), 르완다 범죄처리 국제재판소(2008. 12. 18), http://69.94.11.53/ENGLISH/cases/Bagosora/judgement.htm을 보라. 이 사건의 4명의 피고인은 "국방부 국장 바고소라(Théoneste Bagosora) 대령, 군합동참모부 작전국장 Gratien Kabiligi 장군, 정예 부대인 공정연대 사령관 Aloys Ntabakuze 소령, 기세니 작전지역 사령관 Anatole Nsengiyumva 대령"이다(para. 1).

54. *Ibid*., para. 13, 판결 당일 법정의 판결문 요약 낭독에서 인용. 무죄판결 이유의 전문은 Sect. 2.1, "Conspiracy to Commit Genocide,"

수년 동안 르완다의 다수종족인 후투족을 상대로 한 "군사적 권력 투쟁"을 준비하고 실행한 쪽은 당연히 르완다애국전선이었다. 소수종족 투치족을 지지기반으로 하는 애국전선은 아루샤 평화협정에 규정된 자유선거가 실시된다면 분명히 패배할 것이란 점을 인식하고 있었다. 그러나 바로 르완다애국전선이 하비야리마나 암살을 계획했고, 그 결과 이어진 대량살육 행위도 애국전선이 저질렀다는 사실을 국제재판소는 도저히 파악할 수가 없었다. 국제재판소는 단 한명의 후투족도 학살혐의로 유죄판결을 내리지는 못했다. 그렇다고 해서 애국전선이 후투족이 주도하는 정부를 신속하게 전복시키고 르완다 국가를 장악한 움직일 수 없는 사실 앞에서 국제재판소가 르완다애국전선 측 음모론을 제기한 적도 없다. 우리는 미국과 그 동맹국들이 르완다애국전선을 지지했기 때문에, 미디어가 미국 측의 선전을 충실히 전달했기 때문에, 인도주의를 숭상한다는 지식인들과 NGO 활동가들뿐만 아니라 국제재판소의 법률전문가들도 이를 믿었기 때문에 이런 일이 일어났다고 믿는다.

폴 카가메가 주도하는 르완다애국전선은 처음부터 미국의 구상대로 1980년대에 우간다에서 태어났다. 르완다 연구학자이자 미군 특수전 부대에서 복무한 경력이 있는 앨런 스템(Allan Stam)은 카가메가 "1994년 학살로부터 그리 멀지 않은 시기에 … 리븐워스 기지에서 한때를 보냈다"고 지적한다. 미육군의 리븐워스 기지는 "미군

2084–2112를 보라.

과 다른 나라의 촉망받는 장교가 장성으로 올라가기 위해서 반드시 거쳐야 하는 … 지휘참모 대학이다. 이곳에서 그들은 대규모 작전의 계획과 수립을 배운다. 그들이 배우는 것은 소규모 물동작전이 아니며 용병술도 아니다. 그곳에서 가르치는 것은 침공작전이다. 카가메는 대단히 좋은 성적을 보여주었다." 1994년 무렵 카가메의 르완다애국전선은 르완다에서 권력을 잡기 위한 정교한 계획을 세워두고 있었고, 스템의 평가에 따르자면 계획의 최종적인 집행과정은 병력과 물자의 동원방식을 볼 때 "1991년 미국의 이라크 침공과 놀랄 정도로 닮았다." 또한 스템은 하비야리마나가 암살되자 르완다애국전선이 즉시 르완다 정부에 대한 최종적인 공격을 시작했다고 지적한다. 하비야리마나가 탑승한 제트기가 격추된 후 60분에서 120분 이내에 "5만 명의 애국전선 병력이 두 곳의 전선에서 조정된 방식의 전투에 돌입"했다는 것은 "작전계획이 사전에 정교하게 수립되어 있었음을 의미한다."[55]

르완다 범죄처리 국제재판소가 함축적으로 부정하고 있음에도 여전히 주류 권력의 핵심에서는 후투족 음모론을 주장하고 있다. 그러나 학살의 촉매제였던 사건(키갈리 공항에 접근하던 하비야리마나가 탑승한 비행기의 격추)을 일으킨 쪽은 르완다애국전선-카가메 집

55. Allan C. Stam, "Coming to a New Understanding of the Rwanda Genocide," Gerald R. Ford 공공정책 대학원 강의, University of Michigan (2009. 2. 18), 초록, http://www.fordschool.umich.edu/news/events/?event_id=154.

단이며, 애국전선이 믿기 어려운 속도로 잘 조화된 군사적 반응을 보였다는 사실은 후투족이 아닌 다른 누군가가 정교한 음모를 꾸몄음을 증명해 준다.

그러나 "학살"의 가해자로 알려진 후투족은 권력에서 밀려난 사람들이고 르완다애국전선이 키갈리를 장악한 7월 4일에 수백만 명의 후투족이 르완다를 탈출했다. 또한 7월 말이 되기도 전에 워싱턴은 축출된 정부와 외교관계를 단절하고 "르완다에서 실질적인 통제권을 행사하고 있는" 르완다애국전선을 승인한다고 밝혀 르완다애국전선의 학살과 권력장악을 뒷받침한 후 미군을 파견하고 키갈리에 대규모 원조를 시작했다.[56] 그 전에 워싱턴은 르완다 대사의 항의를 묵살한 채 안전보장이사회에서 사실상 모든 UN 평화유지군을 철수시키도록 이사국들을 압박했다.[57] 만약 "누가 암살을

56. "르완다 대사관 폐쇄, 미국, UN에서 르완다 축출 고려," AFP 통신(1994. 7. 15) ; "클린턴, 르완다 희생자 수송을 위한 직항 수송기 파견을 지시," AFP 통신(1994. 7. 22) ; "미국, 르완다의 새 정부 승인," 로이터 통신(1994. 7. 29) ; "미군 200명, 키갈리 공항 개통을 위해 배치," 로이터 통신(1994. 7. 29).
57. UN 안전보장이사회 결의 912호(S/RES/912, 1944. 4. 21), 8을 보라. UN 평화유지군의 규모는 4월 6일의 2,165명, 4월 20일의 1,515명에서 270명으로 축소되었다. UN 주재 르완다 대사 Jean-Damascene Bizimana는 이렇게 말했다 : "국제사회의 행동은 르완다 인민의 고통스런 호소에 부응하지 않았다. 이 문제는 UN 평화유지군을 철수시킬 수단과 방법을 찾으려는 관점에서만 검토되었을 뿐, 현재 르완다의 안보상황에 비추어 볼 때 마땅히 취해야 할 조치는 고려되지 않았다. [UN 평화유지군] 규모는 휴전협정을 복원하고 폭력을 종식

명분으로 이용했는지"에 대한 주류 권력의 설명이 맞는다고 한다면 르완다는 가해자인 다수종족의 박해를 받던 소수인구가 가해자를 축출하고 100일도 안 되는 짧은 시간 내에 권력을 장악한 역사상 첫 번째 사례가 될 것이다. 우리는 어떻게 이런 일이 가능한지 상상할 수가 없다.

중요한 조사활동 전체도 마찬가지이다. UN 난민문제 고등판무관실이 지원한 (후투족의 투치족) 학살 진상조사단은 오히려 르완다애국전선이 지배하는 지역에서 후투족 민간인이 최소 2만 5천에서 최대 4만 5천 명이 살해된 사실을 알아내고 탈출한 후투족을 보호하기 위해 르완다로 돌아오지 못하도록 봉쇄하는 조치를 취했다. 뉴욕 타임스는 로버트 거스니(Robert Gersony)가 작성한 조사단의 보고서는 "[르완다애국전선의] 병사들이 … '후투족을 상대로' 살인과 처형을 자행했다는 분명한 증거가 있다는 결론을 내렸다"고 보도했다. 그러나 거스니 보고서가 "국제기구 사이에서 극렬한 논쟁을 불러일으키자 UN 사무총장 코피 아난은 UN 직원들은 이 보고서를 언급하는 일을 자제하라는 지시를 내려" 르완다애국전선과 더 중요하게는 서방세계의 후원자들을 달래려 했다.[58] 공식적으로

시킬 안전조건을 확보할 수 있는 수준으로 증대되어야 한다. … UN 평화유지군의 규모를 줄이려는 안전보장이사회의 결정은 … 이 위기에 대한 적절한 대응이 아니다. … "르완다 상황," UN 안전보장이사회(S/PV. 3368, 1994. 4. 21, 6).

58. 레이먼드 보너(Raymond Bonner), "UN 르완다 난민의 복귀를 중지," *New York Times*(1994. 9. 18). 또한 Chris McGreal과 Edward Luce,

UN에는 이 보고서가 존재하지 않으며,[59] 거스니는 자신이 알아낸 사실을 절대로 언급하지 말라는 지시를 받았다(그는 이와 같은 지시에 대체로 순응했다).[60]

1994년 9월에 국무장관 워렌 크리스토퍼에게 보고된 비망록은 UN 난민문제 고등판무관실 팀이 "[르완다애국전선과 그들의] 민간인 하수인들이 한 달에 10만 명 이상의 후투족을 살해했으며, 그 중 95%가 [르완다애국전선에게] 살해되었다는 결론을 내렸다"고 지적하고 있다. 이 비망록은 "UN 난민문제 고등판무관실 팀은 살인의 목적이 르완다 남부의 일정 지역에서 투치족의 거주공간을 확보하기 위한 인종청소일 것으로 추정하고 있다. 살육행위의 결과로

"지원인력에게 살해 위협," *The Guardian*(1994. 10. 3) ; Jean-Michel Stoullig, "UN, 르완다의 보복살인을 조명," AFP 통신(1994. 10. 4)을 보라.

59. 거스니 보고서를 어떻게 다루었는지는 Des Forges, "*Leave None to Tell the Story*," 구체적으로 "The Gersony Mission," 726-732를 보라. 여기서 데스 포지스는 "거스니 보고서는 존재하지 않는다"는 UN 르완다 문제 고등판무관의 서신을 그대로 싣고 있다(727).

60. 로버트 거스니와의 면담에 관한 회고는 Gérard Prunier, *Africa's World War : Congo, the Rwandan Genocide, and the Making of a Continental Catastrophe*(New York : Oxford University Press, 2009), 15-16 ; 주 59-62와 373을 보라. 프루니에는 이렇게 기록하고 있다 : "거스니의 결론은 1994년 4월 초부터 9월 중순 사이에 르완다애국전선이 투치족을 포함하여 25,000명에서 45,000명 사이를 살해했다는 것이었다. 원래 임명된 목적과는 전혀 다른 결론을 내린 고등판무관은 사람을 놀라게 했다"(16).

후투족 남성 인구는 감소했고 후투족 난민은 두려워서 땅을 찾으러 돌아오지 못하고 있다"고 덧붙였다.[61] 르완다애국전선이 학살극을 벌인 르완다 남부지역은 투치족이 다수종족으로서 오랫동안 거주해 온 부룬디 북부지역과 국경을 맞대고 있다는 점은 추가적으로 중요한 의미를 갖는다.

크리스천 데이번포터(Christian Davenport)와 앨런 스템 같은 미국 학자는 1994년 4월에서 7월 사이에 100만 명 이상이 살해되었다고 추산한다.[62] 그들은 "희생자의 대부분이 투치족이 아니라 후투족인 것 같다"는 결론을 내리고 있다. 르완다 범죄처리 국제재판소가 후원했다가 나중에는 이 국제재판소가 채택을 거부한 데이번포터와 스템의 조사결과는 학살의 규모가 컸던 지역은 르완다애국전선이 지나간 곳이며(두 사람의 표현을 빌리자면 르완다애국전선이 "큰

61. 무스(George E. Moose), "르완다의 인권침해 상황," 국무장관에게 보내는 정보 비망록, 날짜표시 없음(1994. 9. 17-20 사이에 작성되었음이 분명하다). 우리는 William Mitchell College of Law, St. Paul, Minnesota의 Rwanda Documents Project 책임자 Peter Erlinder 덕분에 이 문서에 관심을 갖게 되었다. ICTR Military-1 Exhibit, DNT 264, http://www.rwandadocumentsproject.net/gsdl/collect/mil1docs/index/assoc/HASH8152.dir/doc84139.PDF.

62. Christian Davenport and Allan Stam, *Rwandan Political Violence in Space and Time*, 미발간 원고, 2004(Davenport의 개인 웹사이트에서 볼 수 있다 : http://www.cdavenport.com). 저자들은 최소한 8종의 상이한 사망자 추산치를 근거로 하여 1994년 4월과 7월 사이에 르완다 전체에서 도합 1,063,336명이 사망했다고 기록하고 있다(28).

물결"을 이루었던 곳), 특히 1994년 4월에는 애국전선이 진격해 오면서 이곳저곳을 돌아다니며 학살을 저질렀다는 분명한 증거가 있다고 밝혔다. 실제로 두 사람은 르완다애국전선이 "휩쓸고 간 최소한 일곱 지역을 밝혀냈으며(그들은 북쪽에서부터 남서쪽과 중동부지역을 휩쓸었다)", 르완다애국전선이 몰려간 곳에는 예외없이 심각한 잔혹행위가 벌어졌다.[63] 2009년 말에 데이번포터와 스템은 당시까지 조사한 "가장 충격적인 결과"를 발표했다. "[후투족의 무력인] 르완다 무장군(Armed Forces of Rwanda)이 장악한 지역에서 벌어진 살육행위는 르완다애국전선이 이 나라로 들어와 더 많은 지역을 점령해 가면서 강도를 더해간 것 같다. 르완다애국전선이 진격해 오면 대규모 살육행위가 확대되었다가 그들이 멈추면 대규모 살육행위는 대체로 감소했다."[64]

보고서에서 적시한 사례들을 볼 때 데이번포터와 스템은 1994년 대량살육 행위의 책임을 르완다애국전선에게 돌리고 있는 것으로 보인다. 또한 이 보고서는 대량살육의 대상은 투치족이 아니라고 암시하고 있다. 뿐만 아니라 1994년의 사건을 지켜보았거나 직접 참여한 사람들 가운데서 희생자의 절대다수는 후투족이며, 그 숫자는 200만에 이른다는 주장이 나오고 있다.[65]

63. *Ibid*., 30-33.
64. 데이번포터와 스템, "르완다에서 실제로 일어난 일은 무엇인가?" *Miller-McCune*(2009. 10. 6), http://www.millermccune.com/culture_society/what-really-happened-in-rwanda-1504.
65. 1999년, 르완다애국전선의 군 지휘관을 지냈던 Christophe Hakizi-

그런데도 데이븐포터와 스템은 그들의 조사에서 알아낸 가장 중요한 사실, 즉 르완다애국전선의 물결이 "휩쓸고 간" 지역에서 살육행위의 대부분이 일어났을 뿐만 아니라 르완다애국전선이야말로 1994년 무렵 르완다 국내에서 가장 잘 조직된 무장집단이었으며, 중요한 군사적 공격을 계획한 유일한 집단이었음을 밝히기를 주저하고 있다.[66] 르완다의 정치적 폭력의 주된 책임은 축출된 연합정부와 르완다 무장군이나 후투족과 관련된 집단이 아니라 르완다애국전선에게 있음이 분명하다. 그러나 데이븐포터와 스템의 보고서는 르완다애국전선에 책임을 물을 수 있는 증거를 밝히면서도 단초를 제공한 책임은 르완다 무장군에게 돌리는 일관되지 못한 태도를 보이고 있다.[67] 한마디로 요약하자면, 그들의 보고서는 주류

mana가 1994년 르완다 학살에서의 미군의 역할에 관한 서면진술을 UN 조사위원회에 제출했는데(Ingvar Carlsson 외), 진술에서 그는 1990년 이후의 르완다애국전선의 군사적 전략에 관해 밝혔다. Hakizimana는 르완다애국전선이 르완다와 콩고민주공화국의 후투족 2백만 명의 살해에 대해 책임을 져야 한다고 주장했다. 그는 또한 르완다 범죄처리 국제재판소가 후투족을 기소한 것은 분쟁의 실상을 잘못 파악한 것이라고 알려주었다. 우리는 이런 정보를 2000년부터 르완다 범죄처리 국제재판소의 심리에서 후투족 장군 Augustin Nindiliyimana(르완다 경찰총장)의 변호를 맡아왔던 토론토의 Christopher Black 변호사로부터 들었다.

66. 보다 비판적인 주장에 관해서는 앞에서 언급한 스템의 "르완다 학살에 대한 새로운 이해"를 보라.

67. Davenport and Stam, *Rwandan Political Violence in Space and Time*을 보라. 데이븐포터와 스템은 세 개의 지역을 구분해 조사했는데, 이런

캠프의 입장을 탈피하지 못하고 있다. 어쨌든 두 사람은 문자 그대로 후투족이 소수종족인 투치족을 상대로 학살을 벌였다기보다는 일종의 정치적 폭력사태가 일어난 것이라는 점은 인정하고 있고, 그것만으로도 서방세계에서는 예외적인 인정이었다. 은폐당한 거스니의 보고서와 마찬가지로 데이번포터와 스템의 조사는 워싱턴과 키갈리는 말할 것도 없고 UN을 불쾌하게 만들었다. 2003년 11월에 처음으로 "1994년 희생자의 절대다수는 정부를 장악하고 있던 사람들과 같은 종족에 속한다"는 조사결과를 공개한 후 두 사람은 르완다에서 추방되고 여러 곳으로부터 공격을 받자 은둔상태에 들어갔고, 이후로 르완다의 입국거부자 명단에 올라갔다.[68] "후투

구분은 심각한 무제를 갖고 있다. 두 사람은 르완다 정부와 정부군이 장악한 지역, 르완다애국전선이 장악한 지역, 두 세력이 전투를 벌인 지역으로 나누고 있다. 두 사람은 "특정 지역에서 가장 우세한 무력을 보유한 행위자가 그 지역에서의 폭력행위의 책임을 져야 한다"고 주장한다(25). [또한 도표 1, "1994년의 르완다의 정치적 폭력 : 군대의 통제에 의한 사망자의 합계"(29)를 보라.] 이 문제가 많은 가정을 근거로 하여 데이번포터와 스템은 사망자의 대부분은 [르완다 정부와 정부군이] 장악한 지역에서 발생했는데—"합계 891,295명"—이것은 "학살로 분류될 수 있으며" 정부와 정부군이 책임을 져야 한다고 주장한다. 그러나 르완다애국전선은 국가 전체를 장악하기 위해 한 전투에서 성공하면 신속하고 과감하게 이동했다는 점을 감안하면 무기와 훈련이 부족하고, 그래서 결국은 패배한 정부군이 사태를 끌어갔다는 주장은 솔직히 말해 경험적 직관에 반한다. 오히려 1994년의 르완다의 정치적 폭력의 주된 책임은 연합정부를 붕괴시키고 르완다를 장악하려 했던 르완다애국전선 측에 있다.

68. 데이번포터(Davenport)와 스템(Stam), "르완다에서 실제로 일어난 일

권력"이 자행한 "사전에 계획된 학살"의 결과 80만 명 이상의 투치족이 사망했다는 주류 쪽의 설명은 사건 초기 카가메의 르완다애국전선이 내놓은 주장, 그리고 정치적 동기에서 이들을 지원한 서방 세계의 선전 말고는 근거가 없다.

또한 우리는 "누가 하비야리마나를 암살했는지"에 대해 많은 것을 알고 있다. 르완다 범죄처리 국제재판소의 조사관을 지냈던 마이클 후리건(Michael Hourigan)은 1996-1997년 무렵 "학살"에 관해 가장 중요한, 그렇기 때문에 은폐를 강요당한 증거를 찾아냈다. 후리건은 "대통령이 탑승한 비행기에 대한 로켓 공격에 직접 참여했다"고 주장하는 세 사람의 르완다애국전선 정보원으로부터 이 공격에 "[카가메와] 르완다애국전선의 다른 멤버들이 직접적으로 관련되었다"는 증언을 확보했다. 후리건은 2006년의 선서 진술[69]

은 무엇인가?"

69. 후리건(Michael Andrew Hourigan)의 선서 증언, 르완다 범죄처리 국제재판소, November 27, 2006. 9. 27, http://www.opjdr.org/Human%20rights_files/AFFIDA VIT%20OF%20MICHAEL%20ANDREW%20HOURIGAN.htm. 후리건 비망록의 은폐 의혹을 제기한 다른 소스로서는 Robin Philpot, *Rwanda 1994*, 특히 제6장 "그것을 비행기 추락이라고 부른다" ; Mark Colvin, "르완다 학살 이후 10년 동안 해명되지 않은 의문," PM, Australian Broadcasting Corporation(2004. 3. 30), http://www.abc.net.au/pm/content/2004/s1077423. htm ; Mark Doyle, "의문의 르완다 '비행기 추락'", BBC News(2007. 2. 9), http://news.bbc.co.uk/2/hi/africa/6348815.stm ; Nick McKenzie, "UN, 르완다 조사를 '중단'," *The Age*(2007. 2. 10), http://www.theage.com.au/news/world/un-shut-downrwanda-probe/2007/02/09/117052

에서 1997년 초 후리건이 직접 이 증거를 르완다 범죄처리 국제재판소의 수석 검찰관 루이스 아르부르(Louise Arbour)에게 제출하자 아르부르는 후리건에게 "공격적이고 적대적인" 태도를 보였고, 또한 "나의 견해로는 이 사건에 대한 조사는 [르완다 범죄처리 국제재판소의] 수임사항이 아니므로 끝내라"고 권고하기에 "놀라움"을 느꼈다고 밝혔다. 그러나 르완다 범죄처리 국제재판소의 수석 검찰관을 지냈던 리처드 골드스톤(Richard Goldstone)은 덴마크 신문과의 인터뷰에서 암살은 "학살이 시작된 직접 촉매이므로 … 학살과 분명한 관계가 있다"고 말했다.[70] 암살집행자의 신원에 관한 정보를 은폐하는 일은 서방으로서는 절대적인 과제였다. 암살자의 신원이 밝혀진다면 궁극적으로 "학살의 방아쇠"를 당긴 쪽은 공식적으로 지목된 후투족 악당이 아니라, 이 분쟁의 승리자이자 미국과 미국의 긴밀한 동맹국(이들이 로켓포의 발사를 도왔음이 분명하다)[71]으로부터 오랫동안 지원을 받아온 투치족 르완다애국전선 쪽이란 사실이 밝혀지는 것은 낭패스러운 일이었다. 뿐만 아니라 1993년 10

4298428.html.

70. 리처드 골드스톤(Richard Goldstone)의 발언은 덴마크 신문 *Berlingske Tidende*가 보도했다. 우리는 이 기사를 "르완다 범죄처리 국제재판소/공격—1994년 4월 6일의 공격은 르완다 범죄처리 국제재판소의 재판권에 포함된다(Goldstone)," Hirondelle News Agency(2006. 12. 13)에서 찾았다.

71. Philpot, *Rwanda 1994*, 제6장 "그것을 비행기 추락이라고 부른다"를 보라.

월에 부룬디의 첫 번째 후투족 출신 대통령 멜키오르 엔다다예(Melchior Ndadaye)가 투치족 출신 장교에게 암살당한 사건도 은폐해야만 했다. 엔다다예 암살은 르완다애국전선이 사주한 것이며, 르완다의 후투족에게 공포를 몰고 왔다.

1994년 4월에 격추된 비행기를 조종한 프랑스 국적 조종사 3명의 죽음을 8년 동안이나 광범위하게 조사했던 프랑스의 치안판사 장-루이 브뤼기에르(Jean-Louis Bruguiere)는 카가메가 1993년 8월에 맺어진 아루샤 권력분점 협정을 거부한 직후에 암살이 일어났으며, 르완다애국전선이 르완다를 장악하기 위해서는 하비야리마나의 "물리적 제거"가 필수적이었다는 결론을 내렸다.[72] 브뤼기에르는 카가메의 측근인 애국전선 고위간부 9명에 대한 체포영장을 발부했고, 르완다 범죄처리 국제재판소가 직접 카가메를 기소하라고 요청했다(프랑스 국내법에 따르면 치안판사는 국가수반에 대한 체포영장을 발부할 수 없다).[73]

후리건의 증거에 대해서는 두 미국 신문(로스엔젤레스 타임스와

72. Jean-Louis Bruguière, Request for the Issuance of International Arrest Warrants, Tribunal de Grande Instance, Paris, France(2006. 11. 21), 15-16(para. 100-103)을 보라. http://www.olny.nl/RWANDA/Lu_Pour_Vous/Dossier_Special_Habyarimana/Rapport_Bruguiere.pdf.

73. 앤드류 잉글랜드(Andrew England), "르완다 대통령 체포에 직면하다," *Financial Times*(2006. 11. 22) ; 크리스 맥그릴(Chris McGreal), "프랑스인 판사, 르완다 대통령을 암살혐의로 유죄판결," *The Guardian*(2006. 11. 22) ; Fergal Keane, "이 학살의 진실은 알려질까?" *The Independent*(2006. 11. 22).

시애틀 타임스)에서 단 한 차례만 보도했고 뉴욕 타임스, 워싱턴 포스트, 월스트리트 저널은 전혀 보도하지 않았다. 브뤼기에르의 조사결과는 상당수의 미국 신문에서 보도되었는데(17곳), 워싱턴 포스트는 간략한 기사 3건을 실었을 뿐, 로스엔젤레스 타임스만 주요 기사로 다루었고(시애틀 타임스는 이 신문의 기사를 그대로 옮겨 실었다), 뉴욕 타임스와 월스트리트 저널은 짧은 광고문구처럼 각기 74단어로 된 짧은 기사를 싫었다.[74] 미국의 미디어는 프랑스의 "반테러리즘" 전문가의 조사결과라며 브뤼기에르의 조사결과를 너무도 자주 인용했는데, 뉴욕 타임스, 워싱턴 포스트, 월스트리트 저널은 각기 수십 차례나 보도했다. 그러나 우리가 살펴본 바로는 미국 미디어의 보도 관점은 심하게 편향되어 있었다. 르완다에서 발생한 대규모 살육행위에 대한 조사결과 가운데서 브뤼기에르는 주역 악당으로서 미국의 하수인을 지목했지만 미국의 미디어는 이 부분에 대해서는 전혀 인용하지 않았다.[75] 선전기구는 훌륭하게 작동했던

74. Factiva(*tnwp*)와 NewsBank를 이용하여 2000년 1월 1일부터 2008년 12월 31일까지의 기사를 검색한 결과. 후리건의 보고서와 브뤼기에르 판사의 조사결과를 진정으로 관심 깊게 보도한 유일한 미국 신문은 Sebastian Rotella, "프랑스의 치안판사 르완다 암살사건을 밝혀내다," *Los Angeles Times*(2007. 2. 19)뿐이다(후에 *Seattle Times*가 이를 전재했다).
75. Factiva(*tnwp*)와 NewsBank를 이용하여 2000년 1월 1일부터 2008년 12월 31일까지의 기사를 검색한 결과. Factiva 데이트베이스를 사용하여 *New York Times*, *Wall Street Journal*, *Washington Post*에서 "브뤼기에르"란 이름을 언급한 기사를 검색한 결과 약 100건이 나왔다. 그러나

것이다.

르완다애국전선은 침략, 암살, 대량살육 행위를 통해 키갈리로 가는 권력의 길에서 마주친 많은 장애물들을 제거했다. 르완다 범죄처리 국제재판소의 변론 팀은 이 과정에서 르완다애국전선이 "문명국가"로부터 받은 지원은 워싱턴과 르완다애국전선 사이의 응분의 보상이라는 논리를 폈다. 워싱턴은 중앙아프리카에서 강력한 군사력을 유지하고 있다. 이 지역에서 유럽의 영향력이 쇠퇴하자 미국은 그들의 이익을 지켜주는 대리인으로서, 그리고 자원이 풍부한 콩고민주공화국으로 들어가는 통로를 확보하기 위해 이곳에 군사적 존재감을 확보했다. 르완다애국전선은 후견국가에 면책권을 제공해 준 대가로 돈과 무기와 투자를 끌어올 수 있었고, 이를 통해 소수 투치족의 르완다 지배권과 국내에서 어떤 경쟁자든 마음대로 죽일 수 있는 자유, 거기에 더하여 국제적 위상까지 확보했다.

2002년 구 유고연방 범죄처리 국제재판소와 르완다 범죄처리 국제재판소의 수석 검찰관 칼라 델 폰테(Carla Del Ponte) (루이스 아르부르의 후임)는 이른바 르완다애국전선에 대한 "특별조사"를 시작하려 하자 수석 검찰관 자리에서 쫓겨났다. 그녀는 해임이 부당함을 UN 사무총장 코피 아난에게 직접 호소했지만 아난은 경직된

브뤼기에르란 이름과 르완다가 관련된 기사는 모두 5건밖에 되지 않았다. 마찬가지로 NewsBank 데이트베이스에서 미국의 모든 신문을 대상으로 브뤼기에르의 활동을 언급한 기사를 검색한 결과 400건이 넘었으나 르완다와 관련된 그의 활동을 언급한 기사는 17건에 불과했다.

태도를 보였다. 회고록에서 델 폰테는 2002년 7월 키갈리의 대통령 관저에서 카가메를 만났을 때의 상황을 기록해 놓고 있다. 카가메는 "불끈하여" 델 폰테에게 이렇게 말했다 : "만약 [르완다애국전선을] 조사하면 사람들은 두 종류의 학살이 있었다고 믿게 될 것입니다. … 우리가 한 일이라고는 르완다를 해방시킨 것뿐입니다." 이 만남에 이어 2003년 5월 부시 행정부의 전쟁범죄 전담 대사인 피에르 프로스퍼(Pierre Prosper)—델 폰테의 표현에 따르면 "르완다인의 후견인"—와의 만남이 등장한다. 프로스퍼는 델 폰테에게 "르완다애국전선의 범죄라는 것을 조사하고 기소하는 책임을 내려놓으라고 권했다"고 한다. 우여곡절 끝에 2003년 7월 뉴욕에서 코피 아난을 만났을 때 델 폰테는 그에게 이렇게 말했다 : "이렇게 되면 특별조사는 끝난 겁니다." 아난의 답변은 이랬다 : "그래요, 나도 압니다."[76)]

르완다 범죄처리 국제재판소에서의 직무가 종결된 후 한 기자와의 인터뷰에서 델 폰테는 이렇게 말했다 : "우리가 특별조사에 착수하자 모든 문제가 시작되었음이 분명"하며 "르완다로부터의 압력이 내가 재임명되지 못하는 데 영향을 주었습니다."[77)] 르완다보

76. Carla Del Ponte(Chuck Sudetic 기록), *Madame Prosecutor : Confrontations with Humanity's Worst Criminals and the Culture of Impunity : A Memoir* (New York : Other Press, 2009), 특히 제9장 "Confronting Kigali : 2002 and 2003," 223–241. 또한 Steven Edwards, "델 폰테, UN이 르완다의 압력에 굴복했다고 말하다," *National Post*(2003. 9. 17)를 보라.

77. "칼라 델 폰테(Carla Del Ponte)와의 인터뷰—'내게 선택의 여지가 있

다 더 큰 다른 곳으로부터의 압력이 안전보장이사회가 훨씬 중요한 역할을 하는 데 영향을 주었음도 분명하다. 르완다 범죄처리 국제재판소(와 구 유고연방 범죄처리 국제재판소)의 대변인을 지낸 플로랑스 하르트만(Florence Hartmann)도 이 재판소의 검찰이 르완다애국전선의 범죄를 조사하지 못하도록 미국, 영국 그리고 카가메의 르완다애국전선이 전방위의 방해공작을 펼쳤음을 상세하게 기록하고 있다.[78] 델 폰테의 후임자 하산 잘로(Hassan Jallow)는 하비야리마나 암살사건은 르완다 범죄처리 국제재판소의 직무가 아니라는 생각을 갖고 있었음을 기록으로 남겨놓았다. 그가 재직하던 동안(2003년 9월 이후) 검찰관실은 르완다애국전선의 범죄와 관련되었을 때는 "추가적인 조사가 필요하다"는 핑계로 조직적으로 업무를 지연시키면서 단 한 건의 기소도 하지 않았다.[79] 르완다 범죄처리

었더라면 르완다 범죄처리 국제재판소의 검사로 남았을 것이다,'" Hirondelle News Agency(2003. 9. 16).

78. Florence Hartmann, *Paix et Chatiment : Les Guerres Secretes de la Politique et de la Justice Internationales*(Paris : Flammarion, 2007), 261-275를 보라.

79. "르완다 범죄처리 국제재판소/군사 I—Dallaire, 미국이 대통령 탑승 비행기 추락사건을 조사하기를 바라다," Hirondelle News Agency (2004. 2. 9). 잘로(Jallow)의 업무지연 사례로서 그는 2005년 12월에 안전보장이사회에서 "르완다애국전선이 책임이 있다는 주장도 조사 대상이었다. 이전의 조사결과를 평가해 본 결과 이 주장에 대해 추가적으로 조사할 필요가 생겼다"고 말했다[UN 안전보장이사회(S/PV. 5328, 2005. 12. 15, 14)]. 그러나 잘로의 "추가조사"는 지극히 형식적으로 질질 끌었고, 결국 국제재판소는 2008년 말에 르완다애국전선 측의 인물을 제외한 체 기소했다.

국제재판소의 장정은 인종이나 정치적 성향에 따른 어떤 차별도 금하고 있음에도 불구하고,[80] 2008년 말까지 1994년에 자행된 "국제적 인도주의 법의 심각한 위반"혐의로 르완다 범죄처리 국제재판소에 의해 기소된 사람은 전부가 이전 정부의 후투족 출신 관료, 보다 일반적으로 말하자면 후투족뿐이었다. 르완다애국전선의 폭력적인 르완다 장악, 1994년에 그들이 저지른 매월 "만 명의 후투족 민간인 학살", 그 밖의 전후의 수많은 살육행위는 그 어느 것도 르완다 범죄처리 국제재판소에 의해 범죄로 기소되지 않았다.

르완다에 관한 엄청난 거짓말은 이제 제도화되었고 서방세계의 공통된 이해(사실은 오해)의 한 부분으로 자리 잡았다. 그러나 진실은 르완다의 폴 카가메가 우리 시대의 가장 위대한 학살자란 것이다. 그는 자신을 둘러싼 훌륭한 신화구조 덕분에 후견인 워싱턴의 보호 하에서 커다란 인기를 누리고 있다. 대학살자의 이미지는 서방세계의 강력한 지지를 받을 자격이 있는 존경스러운 구원자의 이미지로 둔갑했다. 오랫동안 카가메의 주요 옹호자 역할을 해왔던 필립 구레비치(Philip Gourevitch)는 카가메를 해방자, "인권에 대한 깊은 인식과 정치적 지성을 갖춘 행동가"로 묘사하고 있다. 또한 그는 카가메를 "또 한 사람의 큰 키에 마른 몸매로 유명한 에이브러햄

80. 르완다 범죄처리 국제재판소의 설립 장정에 관해서는 UN 안전보장이사회 결의 955호의 부록(S/RES/955), 1994. 11. 8, http://www.ictr.org/ENGLISH/basicdocs/statute/2007.pdf를 보라. 르완다 범죄처리 국제재판소의 기소사건 전체 목록은 "Status of Cases," http://www.ictr.org/ENGLISH/cases/status.htm를 보라.

링컨"으로 비유하고 있다.[81] 스티븐 킨처(Stephen Kinzer)는 최근에 펴낸 위인전에서 카가메를 새로운 아프리카의 국부(國父)로 묘사하고 있다. 저자 킨처의 설명에 따르면 이 책은 "현대 혁명사에서 알려지지 않은 가장 놀라운 얘기"를 담고 있다. 카가메는 독재를 무너뜨렸고, 학살을 멈추게 했으며, 서방세계의 투자와 호의적인 PR의 도움을 받아 르완다를 아프리카의 "떠오르는 별"로 변모시켰다.[82] 그러나 실제에 있어서 카가메가 무너뜨린 것은 다종족 권력분점 연합정부이며, 카가메가 세운 것은 투치족이 지배하는 독재체

81. Philip Gourevitch, *We wish to inform you that tomorrow we will be killed with our families : Stories from Rwanda*(New York : Picador, 1998), 225. 구레비치의 결론은 이렇다 : "카가메는 원하는 것을 얻는 데 매우 뛰어난 인물임을 입증했다. 만약 진정으로 카가메가 독특한 조건에서 독창적인 해법을 찾으려 한다면 유일한 길은 해방이었다. 그는 그것을 실행했다. 나는 그것이 바로 그가 원했던 바였음을 믿어 의심치 않는다"(226).

82. Stephen Kinzer, *A Thousand Hills : Rwanda's Rebirth and the Man Who Dreamed It*(Hoboken, NJ : John Wiley & Sons, 2008). 여기서 우리가 인용한 말은 2008년에 출판사가 홍보용으로 배포한 비디오테이프에 담겨 있는 킨처가 직접 한 말이다. 킨처의 저서는 모든 장에서 카가메와 르완다를 미화하는 표현의 극치를 보여주고 있는데, 예외없이 카가메 자신의 말을 인용하고 있다("내게는 인권이 전부입니다," 제18장). 킨처는 "카가메는 현대 아프리카를 대표하는 인물이다. 보다 나은 아프리카를 바라는 사람들의 눈길은 모두 그를 향하고 있다. 그토록 척박한 환경에서 그토록 많은 업적을 성취한 지도자는 없다. 이 대륙의 미래에 대해 그처럼 희망을 불러일으킨 인물은 없다"(337)고 썼다.

제였다. 카가메는 르완다와 중앙아프리카를 지금도 진행되고 있는 학살의 회전무대로 변모시켰다. 그러나 그가 서방세계의 창공과 그 선전체계 안에서 "떠오르는 별"이 된 것은 사실이다.

사만다 파워의 해석에 따르면 "미국은 [후투족 학살을] 멈추기 위해 거의 아무것도" 하지 않았으며, "곁에 서서 학살의 방관자가 되었다"고 한다.[83] 그러나 이와 같은 해석은 이중의 오류이다. 미국과 미국의 서방 동맹국들(영국, 캐나다, 벨기에)은 아무것도 하지 않은 게 아니라 미국에서 훈련받은 카가메가 우간다에서 르완다를 침공하고 1994년 4월의 학살에 앞서 인종청소를 할 때 이를 지원했고, 경기후퇴를 유도하여 르완다 국가 자체를 약화시켰으며, 애국전선이 르완다 정부에 침투하는 것을 도왔고, 심지어 르완다 정부가 더 많은 UN 평화유지군을 파견해 줄 것을 요청했음에도 카가메의 르완다 정복에 방해가 되지 않도록 UN 평화유지군이 철수하도록 압력을 넣었다.[84] 전임 UN 사무총장 부트로스 부트로스-갈리(Boutros Boutros-Ghali)도 회고록에서 평화유지군을 증파하려고 노력했으나[85] 클린턴 행정부가 펼친 방해공작에 때문에 "르완다에서

83. Power, "*A Problem from Hell*," 334-335. 또한 사만다 파워, "학살의 방관자," *The Atlantic*(2001. 9)을 보라

84. UN 주재 르완다 대사 Jean-Damascène Bizimana의 발언에 대해서는 위에 나온 주 57을 보라.

85. *Special Report of the Secretary-General on the United Nations Assistance Mission for Rwanda*(S/1994/470, 1994. 4. 20), 특히 부트로스-갈리(Boutros-Ghali)가 직접 서명한 "Alternative 1," para. 13-14를 보라.

UN 평화유지군의 효율적인 배치를 방해하려던 미국의 시도는 영국의 강력한 지지를 받아 성공했다"고 신랄하게 비난했다. 안전보장이사회는 "미국을 고분고분하게 따라갔다 … ."[86] (우리는 여기서 사만다 파워가 인도네시아가 1975년에 동티모르를 침략했을 때 미국은 "모르는 체했다"고 말했지만 사실은 미국이 인도네시아에게 동조 신호와 침략에 필요한 무기를 보냈으며, 나아가 UN에서 외교적 방패막이 역할까지 한 사실을 기억해야 할 것이다. 파워는 미국이 학살행위와 연루될 때마다 미국의 최대 범죄는 "방관자" 역할을 한 것이며, 미국은 직접적인 집행자의 역할은 물론이고 공모자 역할도 하지 않았던 것처럼 말한다).

르완다 "학살"의 경우 "인권"단체들은 각자의 정부 정책과 관점을 좇아 엉뚱하게도 진짜 침략자와 살인자를 적극적으로 지원하는 역할을 맡았다. 서방세계의 유고 침공(1999)과 이라크 침공(2003)의 경우에서도 그랬듯이 휴먼 라이츠 워치를 위시한 NGO들은 "최고의 국제범죄"(허먼 코언의 말을 빌리자면 "우간다의 침략행위")는 깡그리 무시한 채 편리하게도 더 작은 규모의 인권침해 행위만 크게 부각시키는 엄청난 편향성을 보여주었다.[87] 그들은 우간다-르완

86. Boutros Boutros-Ghali, *Unvanquished : A U.S.-U.N. Saga* (New York : Random House, 1999), 129-141. 로빈 필포트(Robin Philpot)에 의하면, 부트로스-갈리는 그에게 보낸 서면 답변에서 "르완다 학살은 100퍼센트 미국의 책임이었다!"고 말했다 한다. Philpot, *Rwanda 1994*, 서문을 보라.

87. Herman, Peterson, Szamuely, "Human Rights Watch in Service to the War Party," http://www.electricpolitics.com/2007/02/human_rights_

다애국전선의 르완다 북부 침공과 점령으로 야기된 난민문제와 애국전선이 나머지 지역을 침투한 사실상의 국가 전복행위는 평가절하하거나 아예 무시했다. 하비야리마나 정부는 이런 일련의 행위에 대해 1990년 10월부터 한결같이 "인권침해"라고 비난하고 불법적인 침공의 증거를 제시했다. 인권단체들이 1994년 4월 6일의 격추사건은 르완다애국전선의 책임이라는 수많은 증거를 조직적으로 얼버무린 이유는, 증거로 드러난 사실관계가 후투족의 학살 사전계획론과 애국전선 쪽의 자위적 르완다 구원론이라고 하는 두 핵심요소를 바탕으로 하여 이미 확립된 가해자-피해자 관계와 모순되기 때문이었다. 우리는 인권단체들이 르완다애국전선의 침략과 르완다 정부 전복, 최종적인 권력장악을 지지하는 데 중요한 역할을 한 원인은 바로 이러한 편향성과 선입견이었다고 믿는다. 무엇보다도 우리는 그들의 편견과 헌신적인 선전활동이 이어지는 대량살상에 실질적인 기여를 하였고, 이 모든 것들이 미국의 기본정책과 일치했기 때문에 가능했다고 믿고 있다.

안전보장이사회가 르완다 사태를 처음으로 다루기 바로 며칠 전인 1993년 3월 8일에 휴먼 라이츠 워치가 중심이 되어 네 개의 인권단체로 구성된 르완다 인권침해 국제조사위원회(International Commission of Inquiry into Human Rights Abuses in Rwanda)가 보고서를 발표했다.[88] 위원회는 우간다가 르완다를 침입하자 하비야리마나 정부

watch_in_service.html을 보라.

88. *Report of the International Commission of Inquiry into human rights violations*

가 나라를 지키기 위해 대응한 것이 아니라, 오히려 하비야리마나 정부가 르완다 소수종족인 투치족을 상대로 학살에 가까운 잔혹행위를 벌여 1990년 10월 이후로 2천 명이 죽었으며, "조직적인 살인"과 광범위한 강간을 자행하고 "공포분위기"를 조성했다고 결론지었다.[89] 이 위원회의 공동의장인 엘리슨 데스 포지스는 후에 이 보고서가 "르완다 인권침해 사태를 국제사회 앞에 공정하게 펼쳐 보였다"고 평가했다.[90] 그러나 보고서가 보여준 것은 이른바 하비야리마나 정부의 인권침해 행위뿐이었다.

이 위원회가 보고서를 작성하기 위해 르완다 현지에서 조사를 벌인 기간은 그 해 1월의 2주에 불과했고, 그나마 르완다애국전선이 장악한 지역에서는 단지 2시간 동안만 머물렀다. 로빈 필포트(Robin Philpot)의 보고에 따르면, 이 위원회의 후원자들은 애국전선으로부터 "직접 자금지원을 받거나 [애국전선이] 간접적으로 침투해 있기 때문에" 결과적으로 위원회 자체가 르완다애국전선과 긴

in Rwanda since October 1, 1990(New York, March, 1993)을 보라. 이 위원회에 참여한 NGO는 Africa Watch(Human Rights Watch, USA), International Federation of Human Rights Leagues(France), Inter-African Union for Human Rights and the Rights of Peoples, International Center for Human Rights and Democratic Development(Canada)이다.

89. *Ibid*., "The Question of Genocide"라는 절에서 위원회는 "희생자 숫자는 … 학살의 범주에 들어갈 만큼의 역치를 넘지는 않았으나 많은 르완다인들이 오직 투치족이라는 이유 하나만으로 살해되었다"고 결론지었다(29).

90. Des Forges, "*Leave None to Tell the Story*," 93.

밀한 관계를 맺고 있었다.[91] 데스 포지스는 이 위원회 활동에 참여하기 전에 미국 국무부와 국가안보위원회(National Security Council : NSC)에서 일했다. 이 위원회의 캐나다 쪽 멤버인 윌리엄 샤바스(William Shabas)는 보고서 전문이 "르완다의 학살과 전쟁범죄"라는 제목으로 공개되자 보도자료를 내놓았다.[92] 보도자료는 주류 쪽 설명에서는 언급조차도 하지 않은 다른 범죄행위들을 지목했다. 국제인권연맹(International Federation of Human Rights League) 의장 대니얼 자코비(Daniel Jacoby)는 위원회가 작성한 보고서가 "학살이란 단어를 몇 차례 사용하고 있음"을 강조하면서 르완다 사태는 "단순히 종족 간의 분쟁이 아닌 그것을 능가하는 의미를 갖고 있다. 살육의 책임은 훨씬 높은 곳에서 져야 한다"고 말했다.[93] 휴먼 라이츠 워치는 1993년 연례보고서 『월드 리포트』에서 그 해에 르완다애국전선이 중요한 공격을 개시한 사실을 언급하면서 "이 공격은 부분적으로는 르완다 정부의 인권침해 행위에 대한 대응으로서 정당화된다"고 밝혔다. 국제사회 앞에 공정하게 펼쳐보였다는 보고서의 내용이 이런 것이다. 한마디로 말하자면 하비야리마나 정부에게 비난의 창끝을 겨눈 위원회의 보고서는 르완다 정부를 불법화하고 르완다애국전선의 무장의 합법성을 강화하는 데 도움을 주었다. 애국

91. Philpot, *Rwanda 1994*, 제4장 "Scouts at Her Majesty's Service."
92. Linda Melvern, *A People Betrayed : The Role of the West in Rwanda's Genocide*(New York : Zed Books, 2000), 56.
93. "르완다 : 보고서 내용은 대량 살해의 책임을 정부에 돌리다," Inter Press Service(1993. 3. 8).

전선이 재빨리 위원회의 주장을 새로운 학살의 향연을 정당화하는 데 이용한 것에서 보듯 우리는 이 보고서—그리고 지난 20년 동안에 르완다에서 벌어진 사태를 다룬 휴먼 라이츠 워치와 그 동맹 단체들의 보고서—는 이후 이어지는 여러 대량살육 행위의 길을 열어주었다. 그래서 르완다애국전선과 우간다가 콩고민주공화국에서 벌인 후투족 학살도 이 보고서의 논리를 따라 정의로운 행위로 설명되고 있는 것이다.

앞에 나오는 [표 1]에서 보듯이 르완다에서 일어난 1994년의 대량살육은 "학살"을 언급할 때면 완벽한 전형으로 제시되고 있고, 다른 어떤 사례보다도 보도된 횟수가 많다(다르푸르보다 거의 3배나 많은 3,199건). 이런 결과가 나오게 된 것은 후투족은 투치족을 상대로 사전 계획된 "학살"—사악한 학살과 가공의 학살의 기준을 한꺼번에 만족시킨—을 집행한 악당이며, 카가메의 르완다애국전선은 투치족의 방어-구원자이자 르완다와 중앙아프리카의 방어-구원자라는 각본이 성공적으로 먹혀들었기 때문이다. 그랬기 때문에 르완다애국전선은 하루아침에 르완다의 새로운 권력으로 자리 잡을 수 있었다. 뿐만 아니라 이런 각본 때문에 카가메와 우간다의 요웨리 무세베니—카가메의 돈독한 동맹. 둘은 이 지역에서 미국의 충실한 하수인이다—는 수시로 콩고민주공화국(1997년에는 자이레라고 불렸다)과 그 너머까지도 침략하고 점령하면서도 "국제사회"의 저지를 받지 않을 수 있었다.

펜타곤은 이러한 콩고민주공화국 침략을 적극적으로 지원했는데, 심지어 르완다애국전선의 키갈리 장악 때보다 더 큰 규모로 지원했다. 이 과정에서 수천 명의 후투족 난민이 살해되었고(1994-1997) 카가메-무세베니의 수시적인 콩고 공격으로 인구 6천만 명인 이 나라에서 문자 그대로 수백만 명이 목숨을 잃은 사실은 은폐되었다.[94] 네덜란드의 학자이자 한때 르완다 범죄처리 국제재판소에서 전문가 입회인으로 일했던 필립 렌트옌스(Filip Rentjens)는 수석 검찰관 하산 잘로에게 보낸 사임 서한에서 르완다애국전선 지도부가 기소되지 않도록 보호해 주는 "면책권"에 대해 문제를 제기했다. 그는 "[르완다애국전선의] 범죄는 명백히 이 재판소의 직무범위 안에 포함된다. 그들의 행위는 잘 기록되어 있고, 서면증거나 실물증거도 충분하며, 르완다애국전선 쪽 용의자들의 신원도 알려져 있다. … 키갈리 정권은 그들이 르완다와 콩고민주공화국에서 저지른 국제적으로 인정된 대량의 범죄행위에 대해 1994년 이후로 일종의 면책권을 받았음이 분명하다"고 썼다.[95]

서방세계의 이익을 지키려는 정책 때문에 콩고가 이런 일을 당한 것은 이때가 처음이 아니다. 이전에 모부투(Mobutu) 대통령이 보

94. 앞에 나온 주 16을 보라.
95. 필립 렌트옌스(Filip Reyntjens)가 하산 잘로(Hassan Jallow)에게 제출한 2005년 1월 11일자의 사퇴서는 John Laughland, *A History of Political Trials : From Charles I to Saddam Hussein* (New York : Peter Lang Ltd., 2008), 211에 인용되어 있다. 사퇴서에서 렌트옌스는 이렇게 썼다 : "[르완다 범죄처리 국제재판소] 장정 제6(2)조는 국가나 정부의 수반을 포함하여 명백하게 불처벌을 배제하고 있다. 최근의 사례에서 보듯 권력의 자리에 있는 자들에게 기소를 두려워할 필요가 없다는 메시지를 보내는 것은 이 원칙에 위배된다"(211-212).

다 고분고분한 로랑 카빌라(Laurent Kabila) [그리고 다시 한번 그의 아들 조셉(Joseph)]로 교체된 후 다른 종류의 "자원전쟁"에 뛰어든 서방 기업들이 콩고의 문을 활짝 열고 물밀듯이 몰려와 귀금속, 희귀자원, 목재를 가혹하게 착취한 적이 있었다. 10년 이상의 기간 동안 "매 6개월마다 한 차례씩 쓰나미가 몰려오듯 하는" 훌륭한 "충격요법" 덕분에 콩고 민중은 참혹하게 목숨을 잃었지만[96] 소수의 기업가와 군사 엘리트들은 커다란 이익을 거두어들였다. 일련의 UN 보고서는 콩고 학살사태에서 핵심에 자리 잡고 있던 "착취활동과 관련된 정치적·경제적 권력집단"을 일컫는 "엘리트 네트워크"란 용어를 만들어냈다. 이 보고서에 의하면 "콩고민주공화국에서 작동하는 세 개의 엘리트 네트워크, 즉 킨사샤, 르완다, 우간다가 통제하는 전시경제가 중앙아프리카 대호수 지역의 경제활동을 지배하고 있다. … 수년 동안 지속되고 있는 무법상태와 시민을 보호할 수 없는 정부의 무능 때문에 무장집단들이 나라의 자원을 약탈하고 착취하면서도 처벌을 받지 않고 있다. … 이들은 광물자원 착취를 중

96. "매 6개월마다 한 차례씩 쓰나미가 몰려오듯 하는"이란 표현은 동부 콩고의 상황을 두고 당시 UN 인도주의 문제 조정사무소의 책임자 얀 에겔란드(Jan Egeland)가 2004년 12월 26일 인도양에서 발생한 쓰나미로 30만 명이 목숨을 잃은 사태에 비유하여 한 말이다. 에겔란드의 표현을 빌리자면, "목숨을 잃은 사람들의 숫자로 말하자면 … 오늘의 세계에서 가장 심각한 인도주의의 위기인데도 세계가 아무런 관심을 갖지 않는 것은 믿을 수 없는 일이다," Robert Evans, "UN, 동부 콩고가 다르푸르보다 더 심각한 위기라고 보다," Reuters-AlertNet(2005. 3. 16).

심으로 자체적인 재원조달이 가능한 전시경제 체제를 만들어냈다." 이들이 착취한 광물자원의 판매상대는 우리의 일상생활에서 불가결한 PC와 휴대전화를 제조하는 초국적 기업들이다.[97]

미국의 지원을 받는 카가메와 요웨리 무세베니가 콩고에서 벌어진 학살극의 주역이었음은 의심의 여지가 없다. 결과적으로 다르푸르나 코소보 학살과는 달리 콩고 학살은 자비로운 학살이었다. [표 1]은 우리의 신문계에서 콩고 사태를 "학살"이라고 언급한 경우는 17건에 불과하며, 다른 각도에서 해석하자면 "학살"이란 용어가 한 번 언급됐을 때마다 317,647명이 살해되었음을 보여준다. 같은 신문들이 사악한 학살이라고 규정한 코소보 알바니아계 살해행위를 보도한 행태와 비교한다면, 코소보의 경우 "학살"이란 용어가 한 번 언급될 때마다 사망자 수가 12명에 불과한 사실과는 현저하게 대비된다. **학살의 정치학**이란 기저가 이보다 선명하고 강력하게 드러난 경우는 찾기 어려울 것이다.

97. 마무드 카쎔(Mahmoud Kassem) 외의 마지막 두 보고서, UN Panel of Experts on the Illegal Exploitation of Natural Resources and Other Forms of Wealth of the Democratic Republic of the Congo : S/2002/1146, 2002. 10. 8. (para. 152-153, 12) ; S/2003/1027, 2003. 10. 15를 보라. 또한 Björn Aust and Willem Jaspers, *From Resource War to "Violent Peace" : Transition in the Democratic Republic of Congo*, Bonn International Center for Conversion, Paper No. 50(2006)을 보라. 이들 저자는 대체로 지구상에서 확인된 코발트 매장지의 1/3, 콜탄(columbo tantalite)의 2/3가 콩고민주공화국에 있다고 평가한다(Appendix 2, 149).

몇 가지 자비로운 학살

세르비아인들이 무슬림이나 크로아티아인을 상대로 한 행위이면 "인종청소"가 되고, 반대로 세르비아인들을 상대로 한 행위이면 "인종청소"가 아니다. 갈브레이스식의 논법이 발칸전쟁과 그 밖의 여러 분쟁을 보는 미국과 서방세계의 인식을 여실히 드러내고 있다. 전반적으로 미국의 미디어는 갈브레이스가 여기서 사용한 것과 동일한 방식의 표현을 사용해 왔고 앞으로도 그럴 것이다. '폭풍작전'은 자비로운 인종청소이자 학살이었고, 자유세계의 미디어와 인도주의적 개입을 찬양하는 지식인들은 그렇게 다루어 왔다.

1. 이스라엘 : 사브라와 샤틸라

미국의 중요한 하수인이자 대외원조의 수혜자, 때로는 "개의 머리를 흔드는 꼬리"라고 불릴 만큼 미국의 중동정책에 비상한 영향력을 가진 이스라엘은 타국의 영토를 침범하면서도 보호자(개)로부터 야단을 맞거나 경멸받지 않으며 정책적인 견제도 받지 않을 정도로 국제관계에서 자유를 누리고 있다. 사실상 이스라엘이 저지르는 침략과 불법과 잔혹행위는 항상 미국의 행정부와 입법부에서부터 뉴스 미디어에 이르기까지 주류집단의 주요 부문으로부터 부분적으로 재정지원을 받거나 외교적인 보호를 받는다. 이스라엘의 보호자도 그렇지만 이스라엘은 국제법과 UN 헌장, 그리고 "국제사회"의 규범 적용에서 제외되어 있고, 그래서 이스라엘은 과감하게 침략과 전쟁범죄를 저지를 수 있는 것이다. 또한 그런 까닭에 이스라엘의 행위는 "학살", "전쟁범죄", "인종청소", "인도주의에 반하는 범죄" 같은 불쾌한 평가로부터 상대적으로 자유로울 수 있었다.

이스라엘은 1982년에 레바논을 침공하고 점령했는데, 이 과정에서 15,000−20,000명으로 추산되는 레바논 민간인과 팔레스타인 난민을 살해했으면서도 UN 안전보장이사회로부터 어떤 제재나 위협도 받지 않았고, 희생자들을 보호하기 위해 인도주의적인 개입을 해야 한다는 요구는 어느 곳으로부터도 나오지 않았다. 그 후 이스라엘이 2006년 7-8월에 레바논을 침공했을 때도 미국-영국-EU와 결국 UN까지 나서서 침략자가 국제적인 제재를 받지 않고 살인을 저지를 수 있는 길을 열어주었다.

1982년의 침공-점령에서 우리가 주목해야 할 에피소드는, 1982년 9월 16일 이스라엘 국방군 최고사령부가 대량살상이 일어날 것을 뻔히 알면서도 기독교 팔랑헤 민병대를 서베이루트 무슬림 지역에 있는 팔레스타인 난민 캠프에 진입하도록 허락한 일이다. 유대민족 국가를 수립하려는 1948년의 아랍-이스라엘 전쟁 직후 이스라엘 지역에 있는 고향으로부터 쫓겨난 팔레스타인 사람들을 수용하기 위해 세워진 이 캠프에는 비무장의 여성, 어린이, 노인들이 수용되어 있었는데, 이들은 대부분 분쟁이 발생하기 전 몇 주 동안 베이루트를 탈출한 팔레스타인 사람들의 남겨진 가족과 일부 레바논 국적의 팔레스타인 사람들이었다. 6월 6일부터 이스라엘 국방군은 북쪽으로 진격하면서 팔레스타인 난민 캠프(예컨대 티르와 시돈)를 말끔하게 정리하는 대규모 작전—작전명 "갈릴리의 평화"—을 진행하고 있었는데, 사브라와 샤틸라 난민 캠프에 대한 잔혹한 공격은 이 작전의 최후 결정판이었다.[1)]

1. Noam Chomsky, *Fateful Triangle : The United States, Israel, and the Palestinians*(Cambridge, MA : South End Press, 증보판, 1999), 특히 제5장 "Peace

9월 14일 레바논 기독교 팔랑헤당 당수 바시르 게마옐(Bashir Gemayel)이 기독교 지역 동베이루트에 있는 당사에서 열린 회의에 참석 중 발생한 폭탄 폭발로 암살되었다. 이스라엘 기자 암논 카펠리우크(Amnon Kapeliouk)가 쓴 기사에 따르면 "팔레스타인의 불구대천의 적"이며 이스라엘과는 긴밀한 관계를 맺고 있던 게마옐을 잃은 이 사건은 "이스라엘로서는 고통스러운 일격"이었다.[2] 암살이 일어난 지 24시간 이내에 이스라엘 국방군은 그때까지 진입하지 않았던 무슬림 지역 서베이루트를 점령했다. 이스라엘 국방군의 라파엘 에이탄 장군은 이스라엘 신문 마아리브와의 인터뷰에서 "우리는 서베이루트를 쓸어버릴 것이다. 우리는 모든 테러리스트와 그 지도자들을 찾아낼 것이며, 필요하다면 무엇이든 파괴할 것"이라고 말했다. 9월 15일, 이스라엘 국방군은 기독교 팔랑헤 민병대의 고위층과 만나 "서베이루트를 점령하는 작전에서 기독교 민병대의 구체적인 역할을 논의했다." 이어지는 카펠리우크의 기사는 이렇게 기록하고 있다 : "이 회동의 말미에 팔랑헤당 군사지도자는 이스라엘 측에게 '몇 년 동안 이 순간이 오기를 기다리고 있었다' 고 말했다."[3]

이스라엘 국방군은 사브라와 샤틸라를 완벽하게 포위하고 "모

for Galilee," 181-328을 보라.

2. Amnon Kapeliouk, *Sabra and Shatila : Inquiry into a Massacre*, Khalil Jahshan 번역(Belmont, MA : Association of Arab-American University Graduates, 1984), 8.

3. *Ibid*., 12, 14, 16.

<표-3> 자비로운 잔혹행위와 사악한 잔혹행위의 경우 "살육"과 "학살"이란 용어의 사용편차[A]

Col. 1	Col. 2	Col. 3	Col. 4
잔혹행위 발생지 [B]	추정 사망자 수 [C]	"살육"이란 표현을 쓴 기사건수	"학살"이란 표현을 쓴 기사건수
엘 모조테	800-1,000	122	1
리오 네그로	444	21	0
사브라-샤틸라	800-3,000	584	4
할라브자	5,000	122	10
사라예보	111	266	2
스레브레니카	7,000-8,000 [D]	2,327	442
크라지나	2,000	0	1
라차크	45	312	0
리퀴차	60-200	102	0
다슈트-엘-레일리	960-4,000	0	0
팔루자	4,000	29	31
가자지구	1,400	72	60

[A] 2009년 1월 팩티바(Factiva) 데이터베이스 검색 "신문기사 : 전부" 항목에서 검색한 결과. 정확한 검색 매개변수는 주 2에 밝혀져 있다. 제목과 본문 가운데서 각기 다섯 단어와 열 단어 이내로 등장하는 우리가 찾는 특정 용어의 모든 변형을 파악하기 위해 데이터베이스 오퍼레이타 w/5 massacre와 w/10 genocide*를 사용했다.

[B] (1) 엘 모조테, 엘살바도르, 1981. 12. 11.
(2) 리오 네그로, 과테말라, 1982. 3. 13.
(3) 사브라-샤틸라 팔레스타인 난민 캠프, 베이루트, 레바논, 1982. 9. 16-18.
(4) 할라브자, 술라이마니아야의 쿠르드족(쿠르디스탄 애국연맹) 지역, 북부 이라크, 1988. 3. 15-16.
(5) 사라예보, 보스니아 헤르체고비나, 1994. 2. 5과 1995. 8. 28.
(6) 스레브레니카, 보스니아 헤르체고비나 동부, 1995. 7. 11-20.
(7) 크라지나 (또는 국경) 지역, 크로아티아와 보스니아 헤르체고비나, 1995. 8.
(8) 라차크, 코소보 주, 유고슬라비아 연방공화국, 1999. 1. 15.
(9) 리퀴차, 동티모르, 1999. 4. 6.
(10) 다슈트-엘-레일리, 아프가니스탄 북부, 2001. 11.
(11) 팔루자, 이라크, 2004. 11.
(12) 가자지구, 2008. 12. 27-2009. 1. 18.

[C] 사망자 수는 col. 1에 표시된 발생지역과 정확히 연결되지는 않는다. 필요한 경우 추

정치의 최소-최대치 를 적용했다. 어떤 경우 보도된 추정치는 놀라울 정도로 부정확하거나 믿기지 않는다(가공이거나 속임수처럼 보인다).

[D] [표 3]에 나오는 스레브레니카의 보도된 추정 사망자 수는 논란의 여지가 있다.

든 출입을 통제할 수 있는" 감시초소를 설치했다. 9월 16일 저녁, 이스라엘 국방군은 팔랑헤 민병대가 캠프로 들어가는 것을 허용했으며, "즉각 살상이 시작되어 40시간 동안 쉴 새 없이 계속되었다." 살상이 진행되는 동안 이스라엘 국방군은 9월 3일 이후로 점거하고 있던 현장을 내려다 볼 수 있는 세 군데 건물 옥상에서 살상작전을 지켜보았다. 9월 18일 오전 10시까지 최소 800명에서 최대 3,000명의 팔레스타인 민간인이 살해되었다. 카펠리누크는 살상작전을 이렇게 요약했다 : "이스라엘 군대는 캠프를 포위한 후 팔랑헤에 적대적인 레바논 민병대의 무장을 해제했으며, 팔랑헤 민병대가 캠프로 진입할 수 있도록 다양한 수송수단을 제공했고, 살상이 진행되던 48시간 동안 눈과 귀를 닫고 있었다."[4)]

이 대량살상은 널리 보도되었고 자주 살육이라고 불렸지만—

4. *Ibid*., 23, 30-31, 86. 이스라엘 조사위원회(일명 Kahan위원회)가 내놓은 이스라엘 측 공식 보고서는 두 곳의 캠프에서 800명 이상의 팔레스타인인들이 살해되었다고 추산한다. "이스라엘의 살육에 대한 책임 조사보고서," *New York Times*(1983. 2. 9)를 보라. 카펠리누크(Kapeliouk)는 "3,000-3,500명의 남자, 여자 어린이가 1982년 9월 16일과 18일 사이에 48시간 이내에 살해되었으며", "희생자의 약 1/4이 레바논인이었고 나머지는 팔레스타인인이었다"고 추정한다(63). 카한(Kahan)위원회의 살육 은폐활동에 관해 좀더 자세히 알고자 한다면 다음에 나오는 주 7을 보라.

[표 3]에서 보듯이 신문에 584차례 보도되었다[5]—사브라와 샤틸라를 "학살"이라 부른 경우는 희소했다. 신문에서는 단지 네 차례, 뉴욕 타임스에선 오직 한 차례, AP 통신은 야시르 아라파트(Yasir

5. [표 3], Rows 1-13의 Factiva 데이터베이스 검색 매개변수는 다음과 같다 :
Row 1 : rst=tnwp and (**Mozote** w/5 massacre)
Row 1 : rst=tnwp and (**Mozote** w/10 genocid*)
Row 2 : rst=tnwp and (**Rio Negro** w/5 massacre)
Row 2 : rst=tnwp and (**Rio Negro** w/10 genocid*)
Row 3 : rst=tnwp and ((**Sabra** or **Shatila**) w/5 massacre)
Row 3 : rst=tnwp and ((**Sabra** or **Shatila**) w/10 genocid*)
Row 4 : rst=tnwp and (**Halabja** w/5 massacre)
Row 4 : rst=tnwp and (**Halabja** w/10 genocid*)
Row 5 : rst=tnwp and (Bosnia and (**market*** w/5 massacre))
Row 5 : rst=tnwp and (Bosnia and (**market*** w/10 genocid*))
Row 6 : rst=tnwp and (**Srebrenica** w/5 massacre)
Row 6 : rst=tnwp and (**Srebrenica** w/10 genocid*)
Row 7 : rst=tnwp and [(**Operation Storm** or **Krajina**) w/5 massacre]
Row 7 : rst=tnwp and [(**Operation Storm** or **Krajina**) w/10 genocid*]
Row 8 : rst=tnwp and (**Račak** w/5 massacre)
Row 8 : rst=tnwp and (**Račak** w/10 genocid*)
Row 9 : rst=tnwp and (**Liquiçá** w/5 massacre)
Row 9 : rst=tnwp and (**Liquiçá** w/10 genocid*)
Row 10 : rst=tnwp and (**Dasht** w/5 massacre)
Row 10 : rst=tnwp and (**Dasht** w/10 genocid*)
Row 11 : rst=tnwp and (**Falluja*** w/5 massacre)
Row 11 : rst=tnwp and (**Falluja*** w/10 genocid*)
Row 12 : rst=tnwp and (**Gaza** w/5 massacre)

Arafat)의 발언을 인용하면서 한 차례 학살이라 불렀고,[6] 워싱턴 포스트에서는 단 한 차례도 학살이라 부른 적이 없었다. 학살이란 단어가 사용된 횟수, 이 사건을 조사한 이스라엘 측의 카한 조사위원회의 자기변호적인 관대한 보고서,[7] 그리고 사태의 실상을 제대로 파헤치지 않는 미디어의 태도 덕분에 살인에 깊이 관여한 당시 국방장관이며 후에 수상이 되는 아리엘 샤론(Ariel Sharon), 이스라엘 육군의 라파엘 에이탄과 아모스 야론(Amos Yaron) 장군 같은 인물들이 이스라엘 정계에서 각광받고 "국제사회"로부터 지도자로 인

Row 12 : rst=tnwp and (Gaza w/10 genocid*) [checked carefully]

6. "팔레스타인 해방기구 의장 야시르 아라파트는 오늘 이 단체의 인원과 무기를 레바논으로 보내고 있다고 말한 것으로 알려졌다. 영어신문 아랍 뉴스는 아라파트가 인터뷰에서 '사브라와 샤틸라, 그 밖의 학살 이후로 우리는 스스로를 지키려는 우리 팔레스타인인들과 레바논인들을 돕는 권리를 갖고 있다' 고 말한 것으로 보도했다. 아라파트는 '그것이 우리의 의무이자 권리' 라고 말했다." ["아라파트, PLO는 무기를 보내고 있다고 말하다," AP, *New York Times*(1985. 7. 27). AP 통신의 이 보도는 *Toronto Globe and Mail*(1985. 7. 27)에도 실렸다.]
7. 노암 촘스키(Noam Chomsky)는 이렇게 말했다 : "위원회는 [이스라엘의] 지도자들이 팔랑헤가 캠프 안으로 진입하면 살육이 벌어질 것임을 인지하고 있었다는 충분한 증거를 보여주었다. 그들은 서베이루트 진입을 팔랑헤의 살육을 막기 위한 것이었다고 정당화해 놓고서는 팔랑헤가 그들의 최악의 적의 집으로 들어가도록 내버려 둔 것은 그들이 민간인을 살해할 의도를 갖고 있지 않았기 때문이라는 이율배반적인 '주장' 을 [위원회는] 내놓고 있다. 보고서는 맹신자들을 위한 것이지 독립적인 사고를 할 수 있는 능력을 가진 사람들을 위한 것이 아님을 다시 한번 확인할 수 있다"(*Fateful Triangle*, 397-410).

정받을 수 있었다.

세르비아와 세르비아인들의 지도자들이 부풀려진 범죄혐의 때문에 쉽게 잊히지 않으며 희생자들에게는 정의가 반드시 승리한다는 것을 보여주어 원한을 풀어주었던 일과 비교한다면 이보다 더 극적인 대비는 없을 것이다. 구 유고연방 범죄처리 국제재판소는 "제한된 지리적 위치에 집결한 집단의 구성원 전체를 살해한 행위는 … 제한된 지리적 위치에 집결한 집단의 구성원 전체를 파괴할 의도로 실행된 것이라면 학살의 조건을 충족시킨다"고 판결했다.[8] 1982년 말 UN 총회는—안전보장이사회가 아무런 행동을 취하지 않았지만—사브라-샤틸라의 "대량살상은 학살행위"라는 결의안을 통과시켰다.[9] 충분히 짐작할 수 있는 일이지만 자유세계의 미디어는 이 사실을 전혀 다루지 않았다.

8. *Judgment, Prosecutor v. Radislav Krstic*(IT-98-33-T, 2001. 8. 2), para. 590을 보라.

9. UN 총회 결의 37/123호(A/RES/37/123), Section D, para. 2, December 16, 1982. 12. 6을 보라. 그러나 이때 이스라엘 작가 이차르 스밀란스키(Yizhar Smilanski)는 이렇게 썼다 : "우리는 굶주린 사자를 경기장에 풀어놓았다. 사자가 사람들을 먹어치웠으므로 책임은 사자가 져야 한다."

2. 이스라엘 : 가자 침공, 2008. 12.-2009. 1.

2008년 12월 27일에 시작된 이스라엘의 가자지구 침공은 첫날부터 가자지구 팔레스타인인에 대한 전면적인 살육으로 시작되었다. 이스라엘 국방군이 휴전이 발효된다고 발표한 1월 18일까지 약 1,400명이 사망했는데 이 가운데 85명은 민간인이었다. 부상자는 5,000명 이상이었고, 그 중 여성과 어린이가 30%였다. 이스라엘 국방군 병사 10명도 작전 중 사망했다(그 중 3명은 "아군에 의한 오발"로 사망했다). 재산상의 손실은 막대했다. 3,000채의 가옥이 완전히 파괴되었고, 1만 1,000채의 가옥이 부분적으로 손상되었다. 또한 모스크, 병원, 대학, 공장, 상점, 심지어 UN 산하기구의 사무소까지 파괴되거나 손상을 입었다. 불도저가 오렌지와 올리브 농원을 깨끗하게 밀어버렸고, 가자시티 같은 인구 밀집지역은 지진을 만난 듯 깨어진 벽돌조각만 남았다.[10)]

적십자 보고서는 "가자에는 민간인에게 안전한 곳이 한 군데도

10. 자크 클레망(Jacques Clement), "'지진보다 열 배나 나쁜' 가자상황," AFP 통신(2009. 1. 19).

없다"고 발표했다.[11] 아랍국가연맹을 대표하여 존 더가드(John Dugard)가 이끈 진상조사단은 "이스라엘 국방군은 민간인과 민간 목표와 군사목표를 구분하지 않았다"는 결론을 내렸다.[12] 16명의 저명한 법학자와 인권활동가들이 UN 사무총장에게 보내는 공개서한을 통해 이 공격에서 저질러진 국제법과 인도주의법 위반실태를 조사하라고 요구했으나[13] 사무총장은 거부했다. 반기문 사무총장은 안전보장이사회에 나와 "추가로 조사할 계획을 갖고 있지 않다"고 말했다.[14] 그 대신 제네바에 본부를 둔 UN 인권위원회가 조사를

11. *Gaza : 1.5 million people trapped in despair*, 국제적십자위원회(2009. 6. 20), http://www.icrc.org/Web/eng/siteeng0.nsf/htmlall/palestine-report-260609/$File/gazareport-ICRC-eng.pdf.
12. John Dugard et al., *No Safe Place, Report of the Independent Fact Finding Committee On Gaza*, League of Arab States(2009. 4. 30), http://www.arableagueonline.org/las/picture_gallery/reportfullFINAL.pdf. 또한 *Israel/Gaza : Operation "Cast Lead" : 22 days of death and destruction*, 국제사면위원회(2009. 7), http://www.amnesty.org/en/library/asset/MDE15/015/2009/en/8f299083-9a74-4853-860f-0563725e633a/mde150152009en.pdf.를 보라
13. "UN, urged to 'find truth' about Gaza conflict," 국제사면위원회(2009. 3. 16) ; Amira Hass, "법관과 학자들, UN에 가자에서 쌍방의 범죄 조사를 요구하다," *Haaretz*(2009. 3. 20)을 보라. 이 공개서한에는 국제사면위원회, 남아프리카 대주교 데스몬드 투투(Desmond Tutu), 전 UN 인권문제 고등판무관인 아일랜드인 메리 로빈슨(Mary Robinson), 남아프리카 법관 리차드 골드스톤(Richard Goldstone) 등이 서명했다.
14. Ban Ki-moon, *Letter dated 4 May 2009 from the Secretary-General to the President of the Security Council : Summary by the Secretary-General of the*

맡게 되었다. 미국은 오바마 행정부 출범 이후 UN 인권위원회에 복귀했는데, 미국의 UN 대사 수전 라이스의 설명에 의하면 "저속한 반이스라엘 선전에 맞서기 위해" 복귀했다.[15] 조사단의 보고서와 권고안은 미국과 EU 국가 대표들의 반대로 채택이 거부되었다.

'수심측정 작전' (이스라엘 측이 이 기습공격에 붙인 작전명)이 내세운 명분은 하마스가 가자지구의 북쪽 경계에서 이스라엘 남부의 스데로트와 인근 마을들을 로켓포로 공격하는 것을 막기 위함이었다. 스데로트와 인근 지역은 원래 팔레스타인인들이 살던 곳이었으나 인종적으로 청소된 뒤 유대인 정착민들이 살고 있었다. 1999년 NATO군이 세르비아를 공격하던 초기에 서방의 선전기구들이 세르비아가 코소보 주에서 알바니아계를 청소하고 세르비아인들을 그곳에 이주시키려는 허구의 '편자작전'을 펼치고 있다고 비난했던 사실에 비추어 보면 '수심측정 작전'의 명분은 사실의 추악한

report of the United Nations Headquarters Board of Inquiry into certain incidents in the Gaza Strip between 27 December 2008 and 19 January 2009 (A/63/855-S/2009/250), 2. 또한 "감격스러운 강대국의 호의 : 이스라엘, 가자 그리고 UN," *Media Lens*(U.K.), 2009. 5. 18, http://www.medialens.org/alerts/09/090518_be holden_to_the.php.를 보라.

15. 벤 스미스(Ben Smith), "라이스가 UN에서 펼치는 오바마 시대의 선의," *Politico.com*(2009. 4. 4). 수전 라이스의 말을 빌리자면 인권위원회에 복귀함으로써 "우리는 우리가 믿고 있는 원칙을 위해 보다 나은 위치에서 싸울 수 있게 되었다. 보편적인 인권보호, 쓰레기 같은 반이스라엘주의와의 싸움, 우리가 최고의 의제로 삼아야 할 짐바브웨, 수단, 버마 사태를 해결하기 위한 의미 있는 행동 등이 그런 원칙이다."

도치(倒置)였다. 미국 상원과 하원은 사실상 만장일치로 이스라엘의 침공을 지지해 줌으로써 미국 주류 체제의 이스라엘에 대한 전폭적인 지원을 재확인해 주었다. 피의 숙청이 진행된 2주 동안 "민주적인 유대인 국가 이스라엘의 생존권"과 "UN 헌장이 신성한 권리로 인정하고 있는 바, 하마스의 부단한 공격으로부터 국민을 보호하려는 이스라엘의 자위권"을 "강력하고 흔들림 없이 지지한다"는 결의안에 반대표를 던진 하원의원은 다섯 명뿐이었다. 상원에서는 다수당 민주당의 원내총무 해리 리드(Harry Reid) 의원이 상원의 결의는 "가자로부터의 공격에 맞서 [자신을] 지키는 것은 이스라엘의 양도할 수 없는 권리임"을 재확인하는 것이라고 말했다. 2주 후에 열린 국무장관 힐러리 클린턴의 취임식에서 오바마 대통령은 더욱 확고한 결의를 표명했다 : "미국은 이스라엘의 안전을 확고하게 지지하며 위협으로부터 자신을 지키는 이스라엘의 권리를 언제나 지지할 것입니다."[16]

하마스의 대이스라엘 공격 능력이나 지하 터널과 기타 비밀경로를 통해 가자로 무기를 반입하는 행위에 대해서는 심각한 우려가 표출된 적이 있다. 그러나 주류 체제 내에서 가자 팔레스타인인들

16. "가자의 공격으로부터 스스로를 지킬 이스라엘의 권리 인정, 이스라엘에 대한 미국의 강력한 지지의 재확인, 이스라엘-팔레스타인 문제의 평화적 해결"(결의 34호), 미국 하원(2009. 1. 9). 이 결의안에 대한 상원의 입장에 관해서는 의회의사록(2009. 1. 8), S181ff.를 보라. 오바마의 입장은 "오바마 대통령, 국무부 직원들에게 당부," *Washington Post*(2009. 1. 22)에 보도되었다.

도 자신을 지킬 권리가 있고 다른 나라도 "인도주의에 반하는 범죄에 해당하는 정책에 의해 집단적으로 탄압받고 있는 민간인을 '보호할 책임'을 지고 있다" [UN 팔레스타인 지역 특별 보고관 리처드 포크(Richard Falk)[17]] 고 주장할 용기를 가진 사람은 아무도 없었다. 이스라엘은 미국으로부터 무기를 받아들이는 파이프라인을 공개적으로 설치해 놓고 있고, 이스라엘 자신의 세계수준의 군수산업은 팔레스타인의 생존뿐만 아니라 중동지역 전체의 평화에도 위협이 되고 있는 사실에 대해서는 더 말할 필요도 없다. 이스라엘은 2007년 6월 이후로 가자지역을 완전에 가까울 정도로 포위하고 이 지역 팔레스타인인들을 자극하고 있다. 가자지역으로 들어가는 모든 식량, 의약품, 인도주의적인 지원품은 저지되고 있으며, 여행도 금지되어 있다. 여러 UN 관계자는 물론이고 기타 독립기구의 대표들도 이런 조치들이 가자에서 인도주의의 위기를 야기하고 있다고 강조했다. 바티칸의 정의평화위원회 담당 장관이 포위된 이 지역을 "거대한 집단수용소"에 비유할 정도이지만 미국의 주류 집단은 아무런 관심도 보이지 않았다.[18] 이스라엘은 폭격과 침공에서 잔인하게도 민

17. 리처드 포크(Richard Falk), "가자 : 침묵은 대책이 아니다," UN 보도자료 Geneva(2008. 12. 9).
18. 2008년 초의 이스라엘의 행태에 관해서는 Edward S. Herman과 David Peterson, "제국주의의 신세계질서," *Electric Politics*(2008. 5. 1), http://www.electricpolitics.com/2008/05/principles_of_the_imperial_new.html를 보라. 레나토 마르티노(Renato Martino) 추기경의 발언에 대해서는 "바티칸, 가자사태에 대해 우려 표명," BBC News(2009. 1.

간인을 목표로 선정했고 백린탄을 사용했다는 부인할 수 없는 증거가 드러나고 있는데, 이런 것들은 UN이 규정한 전쟁범죄와 명백하게 부합한다. 어떤 사람들은 이스라엘의 공격형태를 "움직이는 표적을 쏘는 사격대회"라고 표현했을 지경이다.[19] 이스라엘의 공격이 미국의 영구적인 거부권 때문에 보호받는 안전보장이사회와는 달리 제네바에 본부를 둔 UN 인권위원회는 "진행 중인 이스라엘의 군사작전을 강력하게 비난하고, 점령세력이 저지른 심대한 위법행위를 즉각 종식시키며, 팔레스타인 민중의 국제적 보호를 위해 국제적인 행동이 취해져야 한다"고 요구했다.[20] 그러나 미국의 기득권 주류 집단이 보기에 이스라엘의 공세와 대규모 선제폭력에 대한 팔레스타인의 대응은 "테러리즘"이며, 이런 조건에 저항하는 팔레스타인인은 "전투원"인 데 반하여 공격에 저항하는 "테러리스트"보다 더 많은 수백 명의 민간인을 살해한 이스라엘의 폭력과 지난 40년 동안 유례를 찾아볼 수 없는 인권침해와 강탈에 깊은 뿌리를 내린 이스라엘 체제의 행위는 "자위"이자 "보복"인 것이다.[21]

8)를 보라.

19. 리처드 포크(Richard Falk), "팔레스타인 특별보고서 … ," UN 인권위원회, Geneva(2009. 1. 9) ; "이스라엘, 가자의 민간인 지역에 백린탄 사용," 국제사면위원회(2009. 1. 19) ; *Israel/Occupied Palestinian Territories : The conflict in Gaza : A briefing on applicable law, investigations and accountability*, 국제사면위원회(2009. 1. 19).
20. "팔레스타인 점령지역의 심각한 인권침해 … "(A/HRC/S-9/L.1), UN 인권위원회, Geneva(2009. 1. 12). 투표결과는 찬성 31, 반대 1(Canada), 기권 13이었다.

UN의 관료들, 주류 박물학자들, EU의 지도자들이 볼 때 가자의 팔레스타인인은 **하등인간**이다. 미국이 제공하는 무기로 무장하고 미국의 보호를 받는 하수인 국가에게 희생당한 사람들은 보호받을 "가치"가 없고, 따라서 "대량살상"이나 "학살"의 희생자로 분류될 자격이 없는 것이다. "무장충돌시의 민간인 보호"를 주제로 하여 1월 14일에 열린 안전보장이사회에서 발언자들은 하루종일 이스라엘의 가자지역 팔레스타인인들에 대한 공격은 2005년 9월에 UN 총회가 채택한 "보호책임"을 실천하는 행위라고 역설했다.[22] 그러나 당시 공격을 받고 있던 가자지역 팔레스타인인들에게도 이 원칙을 적용해야 한다고 말한 사람은 오후 회의의 마지막 시간에 겨우 발언권을 얻었던 UN 주재 이집트 대사 마제드 압델아지즈(Maged Abdelaziz)뿐이었다.[23] 유사한 사례를 하나 들자면, 2008년 8

21. 가자 팔레스타인인에 대한 이스라엘의 전면적인 살육행위에 관해서는 노암 촘스키(Noam Chomsky), "모든 짐승을 근절하라 : Gaza 2009," *ChomskyInfo*(2009. 1. 19), http://www.chomsky.info/articles/20090119.htm ; 노만 핀켈스타인(Norman Finkelstein), "가자 살육의 이면 : 팔레스타인 '평화 이니셔티브'의 또 한번의 실패," *CounterPunch*(2009. 1. 28) ; Henry Siegman, "이스라엘의 거짓말," *London Review of Books*(2009. 1. 29) ; Michael Mandel, "평화에 반대하는 자위권," *CounterPunch*(2009. 2. 5)를 보라.
22. 2005 World Summit Outcome(A/60/L.1), UN 총회(2005. 9. 15), http://www.who.int/hiv/universalaccess2010/worldsummit.pdf, para. 138-140.
23. "무력분쟁과 민간인," 제1차 토의(S/PV.6066)와 제2차 토의(S/PV.6066 Resumption 1), 2009. 1. 14. 이집트 대사 마제드 업델아지즈(Maged Abdelaziz)의 발언내용은 이렇다 : "[이집트는] 안전보장이사회가

월 뉴욕 시티 대학 부설 보호책임 글로벌센터는 그 무렵 남오세티아를 그루지아의 침공으로부터 보호하고 있다는 러시아의 주장을 일축하는 성명서를 내놓았는데, 이스라엘이 하마스의 로켓포 공격으로부터 자국민을 보호하고 있다고 주장했을 때는 그와 같은 성명을 내놓지 않았고, 나아가 가자의 팔레스타인인들을 보호해야 한다는 말도 한 적이 없다.[24] 이스라엘의 공격이 있었던 23일 동안에 나온 신문과 통신사들의 보도에 등장하는 성명 가운데서 가자의 팔레스타인인들에게 "보호책임"을 적용해야 한다고 주장한 경우는 11건뿐이었고, 그나마 주류 매체에서는 언급하지도 않았다. 놀랄 일은 아니지만 오히려 이스라엘에게 보호책임의 논리를 적용해야 한다고 주장한 성명은 13건이었다. 예컨대 브나이 브리스 인터내셔널(B'nai B'rith International)은 "UN 회원국인 이스라엘은 이 테러공격으로부터 자신의 시민을 보호해야 할 의무와 권리를 갖고 있다"는 성명을 내놓았다.[25]

결의와 성명을 통해 국제사회의 의지를 강제하고 … 보호책임의 원칙을 실천하기 위해 팔레스타인인들을 보호할 국제적 보호무력을 제공해야 하는 중대한 책임을 지고 있다고 믿는다. 일부에서는 보호책임의 원칙을 특정 국가에게만 적용하면서 가혹한 침공에 맞서 아무런 국제적 무력의 보호도 받지 못한 채 고통받고 있는 민중을 무시하려 한다"(제2차 토의, 31).

24. "그루지아-러시아 위기와 보호책임 : 배경분석 노트," Global Center for the Responsibility to Protect, City University of New York(2008. 8. 19).

25. Factiva 데이터베이스를 이용하여 "Wires"(twir)와 "Newspapers : All"

남아프리카공화국의 법학자이며 자칭 시오니스트인 리처드 골드스톤이 이끄는 UN 가자분쟁 진상조사단은 2009년 9월에 '수심측정 작전'에 대한 조사보고서를 발표했다.[26] 이 보고서는 이스라엘에서는 비웃음거리가 되었고 발표된 지 24시간 이내에 오바마 행정부로부터 반박을 받았다. 미국의 UN 대사 수전 라이스는 "보고서가 제시한 여러 권고사항에 대해 심각한 우려를 표시한다"고 말했다.[27] 골드스톤 위원회의 보고서는 이스라엘의 공격대상은 "가자지역 주민 전체"였으며, 구체적인 파괴목표는 주민의 생명에서부터 "식량공급 시설, 상수도 체계, 콘크리트 생산공장, 가옥"에까지 이르렀다. 요컨대 작전목적은 "가자지구의 경제능력"을 파괴하는 것이었다. 그러므로 "이 작전을 계획·지시·감독한 쪽이 첫 번째로 책임져야 한다는 것은 의심의 여지가 없다"고 밝혔다.[28]

같은 시기에 제출된 UN 환경 프로그램의 보고서는 "가자지구

(tnwp) 영역 양쪽 모두에서 2008년 12월 27일-2009년 1월 18일 사이의 기사를 검색한 결과 정확한 매개변수는 다음과 같다 : rst=(twir or tnwp) and (responsibility to protect or r2p) and gaza.

26. Richard Goldstone et al., *Human Rights in Palestine and Other Occupied Arab Territories*, UN 가자분쟁 진상조사단 보고서(A/HRC/12/48), UN 인권위원회(2009. 9. 15), http://www2.ohchr.org/english/bodies/hrcouncil/specialses sion/9/docs/UNFFMGC_Report.pdf.
27. 루이 샤르보노(Louis Charbonneau), "미국, UN의 이스라엘 전쟁범죄 조사보고서에 의문 표시," 로이터 통신(2009. 9. 17).
28. Goldstone et al., *Human Rights in Palestine and Other Occupied Arab Territories*, para. 1677-1692.

의 생존 가능성은 매우 의심스럽다"는 결론을 내렸다. 가자지구의 물처리 설비(취수, 위생처리, 탈염)에 대한 오랫동안의 저투자, 위생과 전기공급 시스템에 대한 이스라엘군의 정교한 타격, 이스라엘 측의 유지보수용 부품의 반입봉쇄 조치, 가자지역 해안지대 대수지층(帶水地層)(이 지역의 유일한 담수공급원. 지금은 폐기물과 유독성 화학물질로 가득 찬 데다 지중해 해수까지 침투하고 있다)의 "과도한 사용"과 "심각한 손상"은 이 지역—길이 41킬로미터, 최대 폭 12킬로미터—이 가자 팔레스타인인들의 수요를 더 이상 감당할 수 없음을 의미한다. UN 환경 프로그램은 "이런 손상을 복구하는 데는 수세기가 걸릴 수 있다"고 경고했다.[29] 이스라엘 측의 가자지구 사회기반시설(상·하수도, 전기공급 시스템)에 대한 치밀한 파괴와 유지보수에 필요한 자재의 반입봉쇄 조치는 1990-1991년 미국의 이라크 사회기반시설에 대한 정교한 파괴와 1999년 말에서 2003년까지의 미국과 영국이 이라크의 복구를 위한 물자수입을 봉쇄한 경제제재 조치의 복사판이다. 가자와 이라크의 민간인들이 겪은 대규모 고통과 인명손실은 정책을 입안한 사람들의 시각에서 보자면 "당연히" 치러야 할 "대가"였다. 그래서 "국제사회"는 서방세력에 의해 포위당한 민간인 인구에 대해 "보호책임"을 전혀 언급하지 않았던 것

29. Achim Steiner et al., *Environmental Assessment of the Gaza Strip Following the Escalation of Hostilities in December 2008-January 2009*, UN 환경계획(Nairobi : UN 환경계획 2009. 9), 3, 55-60, 70-71, http://www.unep.org/PDF/dmb/UNEP_Gaza_EA.pdf.

이다.

골드스톤 보고서는 가자 팔레스타인인들의 행위, 특히 이스라엘 남부를 겨냥한 로켓포 공격—이스라엘 국방군의 가자 팔레스타인인들에 대한 공격에 비하면 그 피해 정도가 극히 미미하다. 팔레스타인인 100명이 목숨을 잃었을 때 이스라엘인은 한 사람이 목숨을 잃었다—에 관해 상당한 분량의 지면을 할애하여 언급하고 있지만 골드스톤, 그가 이끄는 위원회, 위원회의 조사활동을 지원한 UN 인권위원회는 난도질을 당했다. 이스라엘 측[대통령 시몬 페레스(Shimon Peres)]은 보고서가 "침략자와 방어자를 구분하지 못하고 있으며", "테러리스트의 선제공격을 사실상 정당화하고 있고, 모든 나라가 스스로를 지켜야 하는 의무와 권리를 부정하고 있다"고 말했다.[30] 웃음을 참을 수 없는 페레스의 이와 같은 발언을 서방세계가 진지하게 받아들인 이유는 다음과 같다. 그들의 관점에서는 이스라엘은 자신이 먼저 폭력행위를 저지른 게 아니라 다른 사람이 저지른 폭력행위에 대응하고 있을 뿐이며, 그러므로 이스라엘의 팔레스타인인에 대한 끊임없는 박해는 정상적인 행동이다. 같은 행위

30. 허브 케이넌(Herb Keinon)과 솔로몬트(E.B. Solomont), "PM, 세계 지도자들에게 골드스톤 보고서 채택을 호소," *Jerusalem Post*(2009. 9. 17). 이스라엘의 정치지도자들은 한 목소리로 테러리즘으로부터 자신을 지킬 이스라엘과 "모든 민주국가의" 권리를 주장했고, 골드스톤 보고서가 "테러리즘에 맞서 싸우는 민주주의 국가의 노력을 폄하했으며 테러리스트를 자유의 전사로 받아들였다"고 비난했다(이스라엘 외무장관 Simona Halperin).

라도 세르비아 같은 나라가 저질러야만 "인종청소"가 될 수 있는 것이다. "이스라엘은 테러로부터 자신을 정당하게 방어했다"—이것은 이스라엘 수상 베냐민 네타냐후(Benjamin Netanyahu)가 한 말이다. "이 왜곡되고 불공정한 보고서는 모든 나라에게 분명한 선택을 요구한다. 이스라엘 편에 설 것인가 테러리스트 편에 설 것인가?"[31] 그러나 네타냐후 자신이 내린 정의에 따르더라도 이스라엘의 가자 팔레스타인인에 대한 공격은 테러리즘에 포함된다 : "테러리즘은 정치적 목적에서 무고한 시민을 위협하고 불구로 만드는 정교하고 조직적인 살인행위이다."[32] 이것은 골드스톤, 존 더가드, 리처드 포크가 가자에서의 이스라엘의 행위를 묘사한 표현과 정확하게 일치한다. 그러나 이스라엘은 진실과 도덕을 압도하는 훌륭한 선전체계 덕분에 하등인간을 자유롭게 죽이고 인종적으로 청소를 할 수 있는 것이다.

골드스톤 보고서를 비난하는 또 하나의 논리는 "이 악명 높은 보고서가 제시한 방법론과 결론이 아프가니스탄, 파키스탄, 이라크와 같이 민간인의 뒤에 숨은 테러리스트들과 싸우는" 이스라엘의 서방 동맹국에게 적용될 때 어떤 일이 일어나겠느냐는 것이었다. 이런 주장을 한 사람이 하버드 대학의 앨런 드쇼위츠(Allan Dershowitz)이다. 이스라엘의 정치학자 제랄드 스타인버그(Gerald Steinberg)

31. 베냐민 네타냐후, 64차 UN 총회 연설, New York(2009. 9. 24).

32. Benjamin Netanyahu, *Terrorism : How the West Can Win*(New York : Farrar, Straus & Giroux, 1986), 9.

는 "아프가니스탄에서 탈리반의 유조 트럭을 공격하다가 민간인에게 피해를 입힌 NATO의 장교들에게도 같은 처벌 논리가 적용될 수 있다. 이라크의 팔루자 전투에서 검문을 하다가 백린탄을 사용한 미군에게도 골드스타인의 보고서에서 말한 대로 전쟁범죄를 저지른 이스라엘군과 같은 처벌을 해야 한다는 논리가 적용될 수 있다"고 강변했다.[33]

이 사람들이 주장하는 바는 미국도 면책받았으니까 이스라엘도 면책받아야 한다는 것이다! 미국이 하등인간인 아프가니스탄인과 이라크인들에게 무슨 짓을 하든 면책받고 있는 것처럼 이스라엘도 팔레스타인인들에게 무슨 짓을 하든 면책받아야 한다.

드쇼위츠와 스타인버그가 이스라엘이 법의 지배라는 원칙 앞에서 매우 취약할 수밖에 없다는 걱정 때문에 이런 주장을 한 것이라면 그런 걱정은 하지 않아도 좋다. 이스라엘은 기억할 수도 없는 오래 전부터 지금까지 법의 지배를 면제받아 왔다. 미국의 주 하수인인 이스라엘은 제4차 제네바 회담에서 팔레스타인의 영토인 가자지구와 요단강 서안을 불법점령했다고 규정되었으나 지금까지 이 규정을 무시하고 있다. 이스라엘은 수십 년 동안 수천 명의 팔레스타인인을 불법감금하고 이들을 고문해 왔다. 또한 이스라엘은 레바

33. "Peres : 골드스톤 보고서는 역사를 우롱한다," UPI News Tracker (2009. 9. 16) ; 앨런 드쇼위츠, "UN 조사보고서 이스라엘에 대한 불신을 조장하고 인권을 후퇴시킨다," *Huffington Post*(2009. 9. 18) ; 제랄드 스타인버그, "UN, 이스라엘의 자위권을 '전쟁범죄'로 오도하다," *Wall Street Journal*(2009. 9. 16).

논을 여러 차례 침공했고 오랫동안 레바논 내에 테러리스트 군대를 유지해 왔다. 그럼에도 불구하고 이스라엘이 국제적인 제재를 받은 적은 한 번도 없다. 뿐만 아니라 골드스톤 보고서 때문에 이스라엘이 어떤 징벌적인 조치를 당할 것이라고 믿을 이유도 없다. 골드스톤 위원회는 6개월 후에(대략 2010년 봄까지) "독립적이고 국제기준에 부합하는 성실한 조사가 이루어지지 않는다면" 국제형사법정 검찰실이 나서서 상세한 조사를 하도록 권고하고 있다.[34] 그러나 이와 같은 일은 일어나지 않을 것이다. 실제로 골드스톤 보고서가 제네바의 UN 인권위원회에 제출되기 며칠 전 수전 라이스는 보고서가 "근본적인 문제를 갖고 있다"고 이의를 제기했다. 라이스의 주장에 따르면 위원회는 "수임직무 자체에 내재하는 편향성"을 갖고 있다는 것인데, 이는 다시 말하자면 팔레스타인 측만 조사하지 않고 이스라엘과 팔레스타인 양쪽을 조사했다는 것이다. 골드스톤의 보고서가 제출되자 UN 인권위원회 미국 대표인 마이클 포스너(Michael Posner)는 "불균형"하며 "심각한 결함"을 갖고 있다는 이유로 채택을 반대하면서 워싱턴은 위원회의 "이중 기준과 이스라엘에 대한 비대칭적 조명"에 맞서는 싸움을 지속할 것이라고 경고했다. 미국이 반대하자 EU가 미국 편에 섬으로써 보고서 채택을 결정할 투표는 2010년 3월까지 지연되었다. 결국 위원회의 권고안은 효

34. Goldstone et al., *Human Rights in Palestine and Other Occupied Arab Territories*, para. 1766. 위원회는 가자 팔레스타인 지도자들에 대해서도 동일한 권고를 했다.

율적으로 사장되었다.[35] 미국은 안전보장이사회가 이스라엘을 국제형사법정에 세우려는 어떤 노력도 저지하겠다고 밝혔고, 따라서 이스라엘의 범죄를 다룰 특별법정의 개설은 불가능함이 분명해졌다. 이스라엘은 앞으로도 약탈과 인종청소와 침공을 자유롭게 저지를 수 있을 것이다. 이스라엘은 하수인의 면책권을 즐기고 있다.

[표 3] 에서 보듯이 이스라엘의 가자 공격은 열거된 사례 가운데서 스레브레니카를 제외하고는 따른 어떤 잔혹행위보다 "학살"이라고 언급된 경우가 훨씬 많다(23일 동안 60회). 그러나 이스라엘의 공격을 가리켜 "학살"이라고 말한 정부 기관이나 의회 지도자, 주류 박물학자는 물론이고 사설 같은 것도 전혀 없었다. 미국의 주요 신문 가운데서 크리스천 사이언스 모니터는 헤즈볼라의 성명서를 인용하면서 이 단어를 한 차례 사용했고("호전적인 시아파 헤즈볼라는 레바논 사태를 비난하면서 이스라엘의 가자 공격은 '전쟁범죄이자 학살'이라고 규정했다." 2008년. 12월 29일자), 뉴욕 타임스는 이스라엘이 UN이 세운 학교를 포격한 사건—40명의 팔레스타인인이 죽었는데 대부분이 여성과 어린이였다—을 보도하는 기사의 말미에 베네주엘라 대통령 우고 차베즈의 발언을 인용하면서 이 단어를 썼다("차베즈 대통령은 … 가자에서 이스라엘의 행위를 '학살'이라고 표현했

35. "가자에서는 왜 정의가 실현되지 않는가?" 휴먼 라이츠 워치(2009. 10. 1) ; "UN : 미국이 골드스톤 보고서를 봉쇄하여 정의실현을 지연," 휴먼 라이츠 워치(2009. 10. 2) ; "UN 가자 전쟁범죄 보고서 채택 투표를 연기," 로이터 통신(2009. 10. 2).

다." 2009년 1월 7일자). 그리고 그뿐이었다. 나머지는 미국의 군소 신문이거나 외국에서 발행되는 영어 신문이었다(워싱턴 포스트가 2009년 1월 4일 이 단어를 사용한 경우라고 한다면 예루살렘의 한 학자가 쓴 "지금 이스라엘은 가자의 학살적인 정권에 맞서 우리 자신을 보호할 권리를 지키고자 단결되어 있다"는 글을 소개한 특집면에서였다).

우리는 가자 팔레스타인인들에게 "학살"이란 단어가 자주 쓰이는 이유는 사실은 이스라엘이 가자와 요단강 서안에서 벌인 행위가 이 단어에 꼭 들어맞기 때문이라고 확신한다. 이스라엘 지도자들은 팔레스타인인들을 향해 인종적 경멸을 나타내는 명칭을 사용해 왔다("메뚜기", "두 발 달린 짐승"). 그들 중 일부는 공개적으로 팔레스타인인들을 약속의 땅에서 몰아내야 한다거나 충분한 고통을 주어 스스로 떠나도록 만들어야 한다고 말해왔다. '수심측정 작전' 은 팔레스타인인들을 마음대로 살해하고 팔레스타인의 사회구조를 철저하게 파괴해 온 여러 유사한 작전의 하나에 불과하다. 이것은 느리지만 가차없는, 그리고 서방 문명세계의 꾸준한 지원 아래 행해지는 **진행 중인 학살**이다. 그러나 우리는 사만다 파워, 데이비드 리프, 아리예 나이어, 그리고 그 밖의 뉴욕 타임스의 편집자와 박물학자들이 그것에 합당한 명칭을 결코 사용하지 않을 것임을 확신한다.

3. 크로아티아의 '폭풍작전'

크로아티아는 유고슬라비아 사회주의 연방공화국으로부터 탈퇴하는 과정에서 크로아티아 영토 내에 남아 있던 세르비아인을 박멸하고 청소한다는 확고한 목표와 방침을 갖고 있었다. 그들이 서슬라보니아의 세르비아계 주민들을 대상으로 이런 방침을 처음으로 실행한 것이 1995년 5월의 '폭풍작전'이었다. 1995년 8월에 크로아티아는 크라지나 지역에 살고 있는 세르비아인을 상대로 보다 강력한 '폭풍작전'을 실시했는데, 이 지역은 크로아티아와 보스니아 헤르체고비나가 국경을 맞대고 있는 곳이었다. 두 번의 작전은 무기와 정보 면에서 미국의 결정적인 도움을 받았고, 크로아티아와 보스니아의 무슬림 군대는 미국의 용병회사[군사전문인력회사(Military Professional Resources Inc.)]로부터 훈련을 받았으며, 미국은 외교적 보호를 제공했다.[36] 스레브레니카 살육극이 있은 지 한 달이 되

36. Tim Ripley, *Operation Deliberate Force : the UN and NATO Campaign in Bosnia 1995*(Lancaster : Centre for Defence and International Security Studies, 1999), 177-200, 특히 크로아티아와 보스니아의 무슬림이 동시에 대

지 않아 개시된 '폭풍작전' 으로 25만 명의 세르비아인이 크라지나 밖으로 쫓겨났고, 수백 명의 부녀자와 어린이를 포함하여 수천 명이 살해되었다. 8월의 어느 날 안전보장이사회가 보스니아와 크로아티아 문제를 다룰 때 미국의 UN 대사 매덜레인 올브라이트는 "국제사회가 스레브레니카와 제파로부터 탈출한 난민들의 처지에 주목"하는 것이 얼마나 "중요한지"를 강조하면서 세르비아인들에게 구타 · 강간 · 살해당한 사람이 13,000명 가량이라고 생생한 숫자까지 제시했다. 그러나 올브라이트는 그보다 스무 배나 많은 세르비아인들이 크라지나에서 인종청소를 당한 사실은 언급하지 않은 채 당시에 재빠르게 진행 중이던 '폭풍작전' 을 은폐하기 위해 스레브레니카를 내세웠다.[37)]

25만 명의 세르비아인에 대한 인종청소는 발칸전쟁 동안에 벌어진 인종청소 가운데서 단일 사건으로는 최대 규모였다. 구 유고연방 범죄처리 국제재판소의 논리대로라면 크로아티아의 지도자들은 학살혐의로 기소되었어야 했다. 국제재판소는 스레브레니카 문제를 다룬 첫 번째 판결에서 "한 국가의 범위에서, 또는 한 지자체의 범위에서라도 제한된 지리적 범위 안에서 한 집단에 대한 의

규모로 크라지나의 세르비아계를 공격했음을 보여주는 지도(186-189) ; Ken Silverstein, *Private Warriors*(New York : Verso, 2000), 특히 제4장 "Mercenary, Inc.," 171-175를 보라.

37. "보스니아 헤르체고비나 공화국의 상황"(S/PV.3564), UN 안전보장이사회(1995. 8. 10), 6-7 ; "Croatia"(S/PV.3563), UN 안전보장이사회(1995. 8. 10), 20을 보라.

도적인 근절은 학살로 규정될 수 있다"고 판시했다.[38] '폭풍작전' 이야말로 스레브레니카보다 훨씬 넓은 크라지나 지역에서 모든 세르비아인을 살해하거나 제거하려는 의도를 갖고 있었다. 국제재판소의 '폭풍작전'의 기소 여부 심리과정에서 당시 크로아티아 주재 미국 대사였던 피터 갈브레이스(Peter Galbraith)는 분명한 기억을 되살려 이렇게 증언했다 : "그[프란조 투지만(Franjo Tudjman)]는 … 그들이 인종적으로 동질적이라면 유럽국가들에게 훨씬 편할 것으로 믿고 있었다." "투지만은 크라지나의 세르비아인들이 그 지리적 위치 때문에 특히 위험이 된다고 보았다. 세르비아인들의 거주지역은 해안지대와 북부 크로아티아를 갈라놓고 있었다." 또한 갈브레이스는 투지만의 측근 인물과 나눈 대화도 분명하게 기억해냈다. 이 측근은 갈브레이스에게 이렇게 말했다 : "우리는 그들이 돌아오는 것을 용납할 수 없습니다. 그들은 크로아티아의 뱃속에 있는 암입니다."[39]

그러나 [표 3]에서 보듯이 '폭풍작전'은 미국의 지원을 받은 데다가 크로아티아 내의 세르비아인 문제를 해결하는 데 도움을 주었기 때문에 뉴스 가치가 최소였고 잔혹행위나 학살로 다루어지지도 않았다. 누가 보아도 '폭풍작전'은 정교하고도 대규모의 인종청소

38. *Judgment, Prosecutor v. Radislav Krstic*(IT-98-33-T), 2001. 8. 2, para. 589를 보라.

39. *Prosecutor v. Ante Gotovina* 외(IT-06-90), 2008. 6. 23, 4937, 1-8행 ; 4939, 13-14행을 보라.

임이 분명하지만 발칸전쟁을 다룬 기사들에서 그토록 흔하게 등장했던 "인종청소"란 호칭을 피터 갈브레이스는 부인했다. '폭풍작전'이 진행되고 있던 동안에 BBC 방송과 가진 인터뷰에서 갈브레이스는 이렇게 말했다 : "이것은 인종청소가 아닙니다. 벨그라드 지도부의 지원을 받아 보스니아의 세르비아인들과 크로아티아의 세르비아인들이 무슬림이든 크로아티아인이건 가리지 않고 테러를 동원하여 현지 주민을 강제적으로 쫓아낸 행위가 인종청소입니다."[40] 갈브레이스의 군사작전에 대한 유치한 이해를 기초로 하여 가해자와 희생자의 관계를 대입하면 결론은 이렇게 된다—세르비아인들이 무슬림이나 크로아티아인을 상대로 한 행위이면 "인종청소"가 되고, 반대로 세르비아인들을 상대로 한 행위이면 "인종청소"가 아니다. 갈브레이스식의 논법이 발칸전쟁과 그 밖의 여러 분쟁을 보는 미국과 서방세계의 인식을 여실히 드러내고 있다. 전반적으로 미국의 미디어는 갈브레이스가 여기서 사용한 것과 동일한 방식의 표현을 사용해 왔고 앞으로도 그럴 것이다. '폭풍작전'은 자비로운 인종청소이자 학살이었고, 자유세계의 미디어와 인도주의적 개입을 찬양하는 지식인들은 그렇게 다루어 왔다.

40. "미국, 영국의 크로아티아 인종청소 주장을 거부," 로이터 통신(1995. 8. 8), 갈브레이스의 BBC 라디오 인터뷰를 인용.

4. 다슈트-에-레이리(아프가니스탄)

2001년 11월, 미국과 손잡은 북부동맹이 수천 명의 탈리반 전사들을 생포했다. 이들은 감옥에서 끌려나와 한 컨테이너에 약 200명씩 25개의 컨테이너에 도합 4,500명이 짐짝처럼 실린 채 마지막 목적지인 다슈트-에-레이리 사막으로 옮겨졌다. 이들 대부분은 운반 도중에 질식사했고, 살아남은 사람은 도착지에서 총살된 후 보스니아에서 발견된 것보다 더 큰 무덤에 파묻혔다. 이 잔혹행위에서 희생된 숫자는 961명에서 4천 명 사이로 추산된다.[41)]

뉴스위크지는 "아프가니스탄의 죽음의 호송대"란 제목의 기사에서 비공개 UN 비망록이 다슈트-에-레이리 사건은 "규모로 보아 전면적인 조사를 실시해야 할 충분한 이유가 있지만" 문제는 "이 사건의 정치적 민감성" 때문에 "이런 행위의 궁극적 목표가 무엇인지 결정되기까지"[42)] 조사와 관련된 행동은 연기되어야 한다고

41. 에드워드 허먼(Edward S. Herman), "왜 '국제사회'는 다슈트-에-레일리의 대량살육을 다루지 않는가," ZNet(2004. 8. 7), http://www.zmag.org/zspace/commentaries/1913을 보라.

지적하고 있다는 사실을 보도했다. 무색무취한 관변 용어를 직설적으로 번역하자면 이렇다 : 이 범죄에 미국이 깊이 관련되어 있으므로 잊어버릴 것. [아일랜드의 영화감독 제이미 도란(Jamie Doran)은 2002년에 발표한 다큐멘터리 「마자르의 학살」(*Massacre at Mazar*)에서 미육군, 특수전 부대, CIA 요원들이 현장에 있었으면서도 이 작전을 제지하지 않았고, 몇몇 부분에서는 직접 책임져야 할 행동을 했다는 움직일 수 없는 목격 증언을 제시했다.]

미국에 본부를 둔 인권을 지키는 의사회(Physicians for Human Rights)는 성명을 통해 "사체를 조사하고 [다슈트-에-레이리에서 나온] 유골을 예의를 갖추어 매장해 주어야 아프가니스탄의 미래의 평화와 안정을 위해 절대 필요한 진실과 책임을 규명하는 데 도움이 될 것"이라고 밝혔다. 그러나 인권을 지키는 의사회가 모르는 게 한 가지 있다. 이런 주장은 구 유고연방 같은 곳에서 악당을 추적할 때나 통하는 것이지 "우리 편 인물"—클린턴 행정부의 관리가 인도네시아의 수하르토 대통령을 지칭한 표현이다—이 악당일지도 모르는 아프가니스탄과 인도네시아 같은 곳에서는 먹히지 않는다. 인권을 지키는 의사회, 국제사면위원회, 휴먼 라이츠 워치 같은 단체가 다슈트-에-레이리에 어느 정도 관심을 보였고, 인권을 지키는 의사회는 2002년 초 미국 정부를 상대로 장래의 조사를 위해 다슈트-에-레이리의 무덤을 현재 상태대로 보존해야 한다고[43] 로비

42. 바바크 데간피셰(Babak Dehghanpisheh) 외, "아프가니스탄의 죽음의 호송대," *Newsweek*(2002. 8. 26).

를 벌였지만 현장보존 조치는 취해지지 않았다. 2008년 12월 인권을 지키는 의사회가 "북부 아프가니스탄의 거대한 무덤의 큰 부분이 파헤쳐지고 제거되었다"고 경고하자, 국제 아프가니스탄 안보지원군(International Security Assistance Forces in Afghanistan)의 미군 사령관 대변인은 이 무덤의 보존요청을 거부하면서 "이 지점의 보존은 우리의 임무범위에 포함되지 않는다"고 밝혔다.[44] 요컨대, 이 범죄에 미국이 깊이 관련되어 있기 때문에 미국이 지배하는 아프가니스탄에서 대형 무덤의 보존 조치는 취해지지 않았고 앞으로도 그런 조치는 없을 것이다. 그런데도 "국제사회"는 보스니아, 이라크(내용물이 사담 후세인 정권 하에서 채워진 경우에만), 다르푸르에서 대형 무덤을 보존하고 발굴하는 데는 관심을 기울일 것이다.

제이미 도란의 「마자르의 학살」이 2002년 6월에 축약편 형태로 공개되었을 때 유럽의 미디어는 짧기는 하지만 약간의 관심을 보였으나 미국의 주류 미디어는 이 영화에 대해 언급하지 않았다. 뉴스위크지가 "아프가니스탄의 죽음의 호송대"를 깊이 있게 보도하자

43. 케시 개넌(Kathy Gannon), "아프가니스탄의 대규모 무덤," AP 통신(2002. 5. 1) ; Carlotta Gall, "탈리반 대량살해의 증거 발견," *New York Times*(2002. 5. 1) ; "인권을 지키는 의사회, 아프가니스탄의 대형 무덤에 대한 조사 방해 중지를 요구하다," 보도자료(2002. 8. 18).

44. "아프가니스탄 다슈트-에-레일리 대형 무덤에 관한 프랭크 도나휴(Frank Donahue)의 성명서," 인권을 지키는 의사회(2008. 12. 11) ; 톰 라세터(Tom Lasseter), "미국, UN, 아프가니스탄, 대형 무덤에 대한 보존 조치 회피," McClatchy Newspapers(2008. 12. 18).

잠시 다른 미디어에서도 관련 기사가 잇달아 등장했으나 보도 열기는 이내 수그러들었다. 팁턴 3인방이라고 불리는 영국 청년 3명이 2004년 3월 관타나모 수용소에서 석방된 후 "죽음의 호송대"에서 겨우 살아난 경험을 폭로했다. 이들의 경험담은 영국의 미디어에서는 보도되었으나 뉴욕 타임스는 입을 다물었다. [표 3]에서 보듯이 이 소름끼치는 잔혹행위는 신문에서 "학살"은커녕 "잔혹행위"라고 표현된 적도 없다. 이것은 미국이 깊이 관여한 사건이다 보니 자비로운 숙청이나 건설적인 학살의 언저리로 분류되었다. 따라서 뉴스 가치도 없었고 정의를 요구하는 분노의 물결도 일어나지 않았다.

몇 년 동안 무관심 속에 묻혀 있던 이 사건은 2009년 7월 뉴욕 타임스의 1면 머리기사와 사설을 통해 다시 등장했다.[45] 편집자는 이 사건이 부시 행정부의 "더러운 유산"이며, "진상조사를 거부한 것은" 잘못이라고 비난했다. 뉴욕 타임스는 사설에서 "이 잔혹행위는 어떤 이유로도 정당화될 수 없으며, 미국과 아프가니스탄이 다른 방식으로 대응하려는 의지를 보여주지 않은 것도 정당화될 수 없다"고 지적했다. 그러나 부시 행정부가 "진상조사"를 거부하고 "다른 방식으로 대응"하지 않은 것은 2001년과 2002년의 일이며, 그때는 뉴욕 타임스도 마찬가지 태도를 보였다는 점을 간과해서는 안 된다. 이 신문은 이 사건과 관련하여 사설이나 독자 의견을 게재

45. 제임스 리슨(James Risen), "미국, 탈리반 전쟁포로 사망에 대해 아무런 대책을 취하지 않다," *New York Times*(2009. 7. 11) ; "다슈트-에-레일리의 진실," 사설, *New York Times*(2009. 7. 14)를 보라.

한 적이 없고, 해외 특파원 존 번스가 다슈트-에-레이리 사건을 다룬 두 건의 새로운 기사—여기서 첨언해 두건대 번스의 기사에서도 "잔혹행위"라는 표현은 사용되지 않았다—는 2002년 8월에 가서야 보도되었다.[46] 2009년 7월까지 뉴욕 타임스가 한 것이라고는 이게 전부였다. 7년의 세월이 흐르는 동안 이 사건을 보다 면밀히 취재하여 독자들의 주의를 끌 수 있는 기회는 여러 차례 있었지만 뉴욕 타임스는 그렇게 하지 않았다. 부시 행정부는 미국의 미디어가 다른 방식으로 대응해 주기를 원했고 뉴욕 타임스는 순응했다. 그러므로 조지 부시의 "더러운 유산"은 동시에 뉴욕 타임스의 더러운 유산이기도 하다.

그런데 2009년 여름에 뉴욕 타임스의 관점이 바뀐 이유는 무엇일까? 편집자는 이 부분에 대해 솔직하게 밝혔다. 이 신문은 "정부는 카르자이 대통령에게 도스툼 장군[다슈트-에-레이리 죄수들을 관리했던 아프가니스탄의 군벌]을 복귀시키지 말도록 압력을 넣고 있다. 오바마 대통령은 잔혹행위의 진상을 조사하도록 명령할 필요가 있다. 사건현장은 보존되어야 하고 목격자는 보호받아야 한다"고 밝히고 있다.[47] 이제 뉴욕 타임스의 편집자는 2001년 당시에 도스툼은 "CIA 직원명단에 이름이 올라 있었고, 그가 거느렸던 민병대는

46. 존 번스(John F. Burns), "외국인 죄수들 카르자이에게 두통거리가 되다," *New York Times*(2002. 8. 23) ; "아프가니스탄 잔혹행위의 전면적인 조사를 막는 정치 현실," *New York Times*(2002. 8. 29)를 보라.
47. "다슈트-에-레일리의 진실," 사설, *New York Times*(2009. 7. 14).

미국의 특수전 부대와 전쟁 초기부터 긴밀하게 협력하고 있었음"을 인정하고 있는 것이다. 그러나 7년 전인 2002년 8월에 보도된 번스의 기사에서도 합참 부의장 피터 페이스(Peter Pace) 장군은 기자회견에서 "군 내부의 재조사 결과 미국의 군대가 시바르간[원문의 착오를 그대로 인용하였음]에서 발생한 사건과 어떤 형태로든 관련되어 있다는 증거는 나타나지 않았다"고 말했다.[48] 도스툼 장군은 당시에는 펜타곤이 해주기를 원하는 대로 하고 있었다. 그런데 이제 펜타곤과 오바마 행정부는 도스툼 장군을 밀어내려 하고 있다. 따라서 뉴욕 타임스에 보도할 가치가 있는 뉴스로 변한 것이다.

48. 존 번스(John F. Burns), "아프가니스탄 잔혹행위의 전면적인 조사를 막는 정치현실," *New York Times*(2002. 8. 29). "시바르간"(Shibarghan)은 미군이 주도하는 군대에 붙잡힌 적군이 공기가 통하지 않는 컨테이너에 넣어져 옮겨지면서 수천 명이 죽었다고 알려진 아프가니스탄 북부에 있는 감옥을 말한다.

5. 터키의 쿠르드족과 이라크의 쿠르드족

오랫동안 터키와 이라크는 두 나라가 국경을 맞대고 있는 이라크 북부지역과 터키 남동지역, 그리고 시리아 동북부와 이란 북부지역에 걸쳐 거주하고 있는 쿠르드족을 대규모로 탄압해 왔다. 이라크가 사담 후세인 정권 치하에서 쿠르드족에게 저지른 가혹행위와 마을 파괴, 인종청소 작전은 1990년 이라크의 쿠웨이트 침공과 1991년 걸프전쟁이 있고 난 후에서야 널리 알려지게 되었다. 후세인 정권의 주요 인물들이 이라크 특별법정에서 유죄판결—후세인에게는 교수형이 선고되었다—을 받은 범죄혐의의 대부분은 쿠르드족 탄압과 관련이 있다.

1980년대 중반부터 지금까지 터키에 들어선 역대 정권은 연속적으로 그들 나름의 쿠르드족 탄압정책을 펼쳐오면서 약 30만 명의 쿠르드족을 살해하고 3,500개 마을을 파괴했으며, 그 결과 최대 300만 명의 난민이 생겨났다. 터키에서는 오랫동안 쿠르드족이란 정체성을 표현하는 것 자체가 불법이었다.[49] 역대 미국 행정부는 이 살인적인 계획을 지지해 왔는데, 그 정점은 빌 클린턴 행정부 시대인 1990년대 중반이었다.[50] 사담 후세인도 1980년대 내내 쿠르드족과 관련한 잔인한 정책으로 악명이 높았는데, 알-안팔 작전에서는 수만 명이 살해되었다. 알-안팔 작전과정에서 가장 악명 높은 사건은 후세인의 군대가 화학무기를 사용하여 수천 명을 살해한 할라브자 학살이었다. 그런데 이 사건이 일어났던 1989년 3월에는 사담 후세인은 아직 미국의 동맹이었고 이란과 전쟁을 벌이고 있었다. 사담 후세인이 사용한 "대량살상 무기"의 주요 공급자가 미국이었기 때문에 할라브자 학살에 대한 비판은 당시에는 제한되었다가 1990년 8월 이라크의 쿠웨이트 침공, 제1차 걸프전, 2003-2009년 동안의 미국-영국의 이라크 침공과 점령, 그리고 마지막으로 사담 후세인과 그 측근들에 대한 시범재판을 거치면서 이 사건은

49. 휴먼 라이츠 워치가 전자 문서고를 운영한 이후로 배포한 연례 *World Reports*의 터키 관련 항목, http://www.hrw.org/en/node/79288를 보라.

50. John Tirman, *Spoils of War : The Human Cost of America's Arms Trade*(New York : The Free Press, 1997), 제23장 "The Terrible Reckoning," 254-278을 보라. 그러나 우리는 다음과 같은 점에서 터먼과는 견해를 달리한다 : 우리는 미국의 정책 입안 엘리트들이 미국과 외국 정부를 연결하는 데 있어서 군사원조(무기 판매, 훈련, "상호 운용 가능성")를 "지렛대이자 필수조건"으로 철저하게 인식하고 있다고 믿는다. "반짝거리는 첨단무기의 도착, 군수품 상자의 운송, 상호 연동성을 상징하는 군 대 군의 통신선—이런 것들이 군사 엘리트들의 자부심을 높여주고, 그들이 더 많은 정치적 권력을 행사할 수 있게 해주며, 국가 자원을 더 많이 끌어다 쓸 수 있게 해주고, 당연한 결과지만 국가 정책을 수립할 수 있게 만들어준다는 것"은 결코 결과론이 아니다. 워싱턴은 지불하는 것만큼 보상을 챙긴다(제24장 "The Moral Equation," 279-287을 참조하라).

세상에 널리 알려졌다. [표 3]은 할라브자 사건을 "잔혹행위"로 표현한 신문 기사가 122건, "학살"로 표현한 신문 기사가 10건임을 보여준다. 이런 숫자는 이라크가 1990년 쿠웨이트를 침공한 탓에 사담 후세인이 "또 하나의 히틀러"가 되고 이라크가 불법정권이 된 후의 상황을 반영하고 있다.

터키의 쿠르드족 탄압과 사담 후세인의 쿠르드족 탄압을 다룬 1990–1999년 사이의 미국 인쇄 미디어의 기사 가운데 "학살"이란 단어가 사용된 사례를 살펴보면 터키의 경우 14건인 데 반해 이라크의 경우는 132건이 된다. 우리가 표본으로 삼은 인쇄 미디어의 기사 가운데서 사담 후세인의 "학살"을 1면 머리기사로 다룬 경우는 24건이지만 터키의 "학살"을 1면 머리기사로 다룬 경우는 1건에 불과하다.[51] 조사대상 인쇄 미디어의 범위를 확대하고 조사대상 기간을 늘여도 같은 도식이 여전히 되풀이된다. 1984–2008년 사이에 터키와 관련하여 "학살"이란 단어가 사용된 기사를 검색하면 사실상 전부(99.8%)가 1915–1917년(즉 먼 과거) 사이에 일어난 오토만 제국의 미국인 학살사건과 관련된 것이고, 현대에 들어와 터키가 쿠르드족에게 가한 탄압과 관련된 경우는 극소수(0.2%)이다. 마찬가지로 같은 25년 동안에 각기 다른 나라들이 쿠르드족에게 가한 탄압과 관련한 기사는 사실상 전부(93.7%)가 이라크의 쿠르드족 탄압과 관련된 것이고 나머지(6.3%)가 터키의 쿠르드족 탄압과

51. Edward S. Herman and Noam Chomsky, *Manufacturing Consent : The Political Economy of the Mass Media* (New York : Pantheon, 2002), xxi.

관련한 것이다.[52] 이러한 숫자상의 현격한 차이는 뿌리 깊은 편향성이 오랜 세월을 걸쳐 형성되어 지금까지도 강인한 생명력을 갖고 있음을 반증해 준다. 쿠르드족의 고난이 의미를 갖는 경우는 가해자가 누군가에 따라서 결정된다. 미국의 공식적인 적인 사담 후세인 정권이 1990년부터 쿠르드족에게 가한 탄압은 의미 있는 것이지만 미국의 핵심 동맹이자 NATO 회원국인 터키가 쿠르드족에게 가한 탄압은 그렇지 않은 것이다.

52. "Wires"(*twir*)와 "Newspapers : All"(*tnwp*) 항목에서 1984-2008을 대상으로 Factiva 데이터베이스를 검색한 결과 : 검색은 2009. 1. 26에 실행. 자세한 검색 매개변수는 다음과 같다 :

(1) rst=(twir or tnwp) and Turkey and (**Kurd*** w/5 genocid*) not (Afghanistan or Bosnia or Burundi or Cambodia or Congo or Darfur or East Timor or Ethiopia or Guatemala or Indonesia or Iraq or Kosovo or Rwanda or Sudan or Vietnam or Armen*) : 20.

(2) rst=(twir or tnwp) and Turkey and (**Armen*** w/5 genocid*) not (Afghanistan or Bosnia or Burundi or Cambodia or Congo or Darfur or East Timor or Ethiopia or Guatemala or Indonesia or Iraq or Kosovo or Rwanda or Sudan or Vietnam or Kurd*) : 9,627.

(3) rst=(twir or tnwp) and Iraq and (**Kurd*** w/5 genocid*) not (Afghanistan or Bosnia or Burundi or Cambodia or Congo or Darfur or East Timor or Ethiopia or Guatemala or Indonesia or Kosovo or Rwanda or Sudan or Turkey or Vietnam or Armen*) : 296.

6. 인도네시아와 동티모르 - 리키차

1975년 12월 인도네시아가 동티모르를 침공했을 때 미국은 이를 승인하고 군사적 · 외교적으로 지원해 주었다. 당시 자카르타 미국 대사관에서 CIA 작전 책임자로 일했던 필립 리치티(C. Philip Liechty)는 존 필저(John Pilger)에게 "[미국은] 수하르토에게 청신호를 보냈다"고 말했다. 또한 리치티는 "미국의 군수품 지원이 없었더라면 인도네시아의 작전은 성공할 수 없었을 것"이라고 말했다.[53] 미국은 안전보장이사회에서도 인도네시아를 지원했다. 미국의 UN 대사 대니얼 패트릭 모이니헌(Daniel Patrick Moynihan)은 인도네시아의 침공을 뒤집어 놓으려는 UN의 노력을 "철저히 쓸모없게 만드는" 임무를 "상당히 성공적으로 완수했다"고 자랑했다.[54]

인도네시아의 침공에 뒤이은 20만 명의 동티모르인 희생자—전체 인구에서 차지하는 비율로 보자면 크메르 루주 치하에서 살해

53. 존 필저(John Pilger), "죽음의 땅," *The Nation*(1994. 4. 25).
54. Daniel Patrick Moynihan and Suzanne Weaver, *A Dangerous Place*(New York : Little Brown, 1978), 247.

된 캄보디아인보다 많다—를 미국의 미디어는 가볍게 다루었다. 1977년에서 1978년 사이에 뉴욕 타임스가 동티모르를 다룬 기사는 한 건도 없지만, 이 기간 동안에 지미 카터 행정부 하에서 미국의 대 인도네시아 군사원조는 4배나 증가했고 인도네시아의 테러는 정점에 이르렀다. 대량살육이 자행되던 이 시기에 미디어에는 수하르토의 독재를 두둔하는 오도된 보도가 넘쳐났다.[55] 뉴욕 타임스에 "학살"이란 단어가 등장한 희귀한 경우는 1981년에 헨리 캄(Henry Kamm) 기자가 쓴 기사에서 거대한 사망자 숫자가 나오게 된 데는 복잡한 배경이 있으므로 숫자 자체를 지나치게 단순화시켜 학살이라고 불러서는 안 된다는 구절뿐이었다. 캄은 이 기사에서 "역사적으로 식량이 부족한 이 섬에서 치열한 전투와 그에 따른 기아 때문에 발생한 대량사망 사태를 '학살'이라고 비난하는 것은" 아주 단순한 "과장법"이라고 주장했다. 또한 그는 "쏟아져 나온 증거란 [티모르 저항세력] 프레틸린(Fretilin)과 한 패이거나 열성적 지지자들로부터 나온 것이므로" 이런 주장에 대해 세계는 인도네시아 관리들의 부인 발언과 대비하면서 의문을 품을 필요가 있다고 덧붙였다. 캄은 몇 년 후에도(1987년) 동티모르는 그저 "이 바쁜 세계의 주목을 받을 요건을 갖추지 못했다"고 되풀이했다.[56] 캄의 말이 옳

55. Chomsky and Herman, *The Washington Connection and Third World Fascism*, Sect. 3.4.4, "East Timor : Genocide on the Sly," 129-204를 보라.
56. 헨리 캄, "동티모르의 들리지 않는 고통," *New York Times Ma-*

았다. 이 "바쁜 세계의" 미디어는 다섯 대통령(제랄드 포드에서 빌 클린턴에 이르기까지)의 연속된 행정부 하에서 인도네시아가 24년간에 걸쳐 저지르고 있던 광포한 살육행위가 자비로운 학살로 승인받고 있는 동안 동티모르에 대해서는 최소한의 관심만 기울였다.

1998-1999년에도 완전히 같은 도식이 되풀이되었다.[57] 심각한 경제난이 이 지역을 휩쓸고 UN에서 동티모르 문제를 항구적으로 해결하라는 압력이 높아지는 가운데 1998년 5월 수하르토가 퇴진한 후 동티모르의 인도네시아 합병 여부를 결정할 주민투표를 실시한다는 합의가 1999년 5월에 이루어졌다. 주민투표를 무산시킬 목적에서, 아니면 최소한 자카르타 측에서 원하는 투표결과를 만들어내기 위해서 인도네시아는 또 하나의 살상과 테러작전을 시작했다. UN에서 합의가 이루어지기 전 몇 달 동안 폭력은 극적으로 증가했고, 8월 30일에 투표가 있은 후 수주 동안 폭력은 정점에 이르렀다. 1998년 여름부터 인도네시아군이 동티모르로부터 대규모로 철수하고 서방세계 기자들의 취재가 허용되었으나 동티모르의 독립열

gazine(1981. 2. 15) ; "포스트 식민 시대의 박해자들," *New York Times Book Review*(1987. 11).

57. Edward S. Herman and David Peterson, "How the *New York Times* Protects Indonesia Terror in East Timor," *Z Magazine*(1999. 7), http://www.zmag.org/zmag/viewArticle/13140 ; "East Timor : From Humanitarian Bombing to Inhumane Appeasement," *Covert Action Quarterly*, 1999(가을/겨울호), No. 68, http://covertaction.org/content/view/65/75를 보라.

망이 최고조에 달했던 바로 이 무렵에 인도네시아는 동티모르인들을 상대로 한 테러작전을 수행할 준군사단체를 조직하고 있었다.[58] 테러가 한창 진행 중이던 1999년 앨런 네언(Allan Nairn)은 13개 민병대를 통할하는 "합참의장"을 만나 민병대는 인도네시아 정부로부터 "살인면허"를 받았다는 사실을 확인했다.[59] 그 후 네언은 4월 6일에 최소 60명에서 최대 200명의 민간인이 가톨릭 교회당 안에서 살해당한 사건이 있은 후,[60] 미국 태평양함대 사령관 데니스 블레어(Dennis Blair) 제독이 급히 자카르타로 가 인도네시아 군부 지도자들을 만났다는 사실을 알게 되었다. 그러나 네언이 미국 측의 문서를 바탕으로 취재한 기사에 따르면, 블레어가 인도네시아 측에게 "민병대 작전을 중지"하도록 요구한 적이 "단 한번도" 없었다. 오히려 인도네시아 군부는 블레어의 방문목적이 "민병대 작전 실

58. Richard Lloyd Parry, "Timor's fear of Jakarta troops," *The Independent*(1998. 10. 9) ; Richard Lloyd Parry, "Troops sent in despite promises," *The Independent*(1998. 10. 24), ; Richard Lloyd Parry, "Timor military retreat 'a sham,'" *The Independent*(1998. 10. 30)을 보라.
59. Allan Nairn, "License to Kill in Timor," *The Nation*(1999. 5. 31).
60. "Unlawful Killings and Enforced Disappearances," para. 774-778, 제2장 *Chega! Report of the Commission for Reception, Truth and Reconciliation in East Timor*, International Center for Transitional Justice(2006. 1. 30), http://www.ictj.org/en/news/features/846.html을 보라. 희생자 수 최대치에 대해서는 Lindsay Murdoch, "Horror Lives On For Town Of Liquiça," *Sydney Morning Herald*(2000. 4. 8) ; Barry Wain, "Will Justice Be Served in East Timor?" *Wall Street Journal*(2000. 4. 14)를 보라.

행에 청신호를 보내기 위한 것임"을 믿어 의심치 않았다.[61]

리퀴차 살육사건이 있기 석 달 전에 일어난 코소보의 라차크 살육사건의 사망자 수는 훨씬 적었다(뿐만 아니라 다음에서 보게 되겠지만 숫자는 가공의 것이었다). [표 3]에서 보듯이 우리의 신문계는 라차크를 리퀴차에 비해 3배나 많이 "학살"이라고 불렀는데, 리퀴차는 훨씬 더 실제적이었고 희생자 수도 더 많았다. 코소보에서 인권을 보호한다는 "NATO의 고상한 수사"와 동티모르에서는 아무런 행동도 하지 않은 NATO의 이율배반을 두고 프레틸린의 지도자 호세 라모스-오르타(Jose Ramos-Horta)는 신랄하게 비판했다. NATO는 세르비아를 폭격했고, 세르비아군이 코소보—이곳은 세르비아 내의 한 주이다—에서 철수하라고 요구했으며, 세르비아 지도자들을 국제재판소에서 처벌할 것을 요구했다. 그러나 "대부분이 NATO 회원국에서 훈련을 받았고" 수십 년 동안 서방세계로부터 풍성한 군사적 지원을 받은 인도네시아 군부의 지도자들에 대해서는 아무런 요구도 하지 않았다.[62] 라차크 살육은 미국의 정책 이익과 부합했기 때문에 NATO군이 세르비아에서 전쟁을 벌일 명분을 제공하기에 편리했던 반면에 리퀴차 살육은 아무런 도움이 되지 않았다. 리퀴차 살육은 "바쁜 세계"가 코소보 "학살"에 비난의 화살을 겨누고 있던 사이에 수십 년 동안 미국의 지원과 승인을 즐겨

61. Allan Nairn, "U.S. Complicity in Timor," *The Nation*(1999. 9. 27).
62. Jose Ramos-Horta, "Yes to Kosovo, No to East Timor?" *International Herald Tribune*(1999. 4. 29).

왔던 총애받는 하수인이 저지른 것이었다.

7. 엘살바도르와 과테말라

미국은 중미에서 수십 년 동안 테러정권을 지원했다. 엘살바도르와 과테말라만 국한해서 볼 때 UN 엘살바도르 진실위원회(UN Commission on the Truth for El Salvador)는 1980－1991년 사이에 발생한 수천 명의 민간인 살해와 수많은 잔혹행위의 주요 책임은 엘살바도르 정부와 정부가 지원한 준군사조직이 져야 함을 명확하게 지적하고 있다.[63] 또 다른 진실위원회는 과테말라에 대해서도 같은 지적을 하면서 1962－1996년 사이에 발생한 669개소의 살육행위 장소를 표시한 지도를 제시하고 있다. 그 중 626곳 이상이 "정부가 계획한 [1980년대 초의] 이른바 초토화 작전이 벌어져 많은 마야 원주민 공동체가 완전하게 근절된" 곳이다.[64]

63. Belisario Betancur et al., *From Madness to Hope : The 12-Year War in El Salvador. Report of the Commission for Truth of El Salvador*, 1993. 3, Part IV, "Cases and Patterns of Violence," Section C, "Massacres of Peasants by Armed Forces," 구체적으로는 "El Mozote 1981," http://www.usip.org/library/tc/doc/reports/el_salvador/tc_es_03151993_toc.html %20.

두 위원회는 엘살바도르와 과테말라 정부를 조종·지원·보호한 미국의 역할을 지적하지는 못했다. 두 나라의 정권은 미국 의회가 제정한 "반테러" 원조법에 따라 재정적인 지원을 받았는데, 이 원조는 실제로는 국가 테러리즘의 실행자를 돕는 데 쓰였다. 두 나라에서는 "갓 태어난 민주주의"를 압박하는 군부의 통제가 완화되었다는 인상을 주기 위해 견고한 테러체제 하에서 희극 같은 "전시용 선거"가 치러졌고, 미국의 미디어가 이를 충실히 선전하여 미국의 입맛에 맞는 테러정권에 대한 지원을 도왔다.[65] 엘살바도르에서 가장 악명 높은 살육작전은 미국이 훈련시킨 아틀라카틀 대대가 1981년 12월에 농촌 마을 엘 모조테에서 저지른 것이다. 이 작전에서 수백 명의 어린이가 포함된 800명에서 1천 명 사이의 민간인이 잔혹하게 살해되었다. 이 작전이 악명을 더 높이게 된 것은 그 규모

64. Christian Tomuschat et al., *Guatemala : Memory of Silence : Report of the Commission for Historical Clarification*(Guatemalan Commission for Historical Clarification, 1999. 2), 구체적으로는 "Conclusions," para. 86과 "Map : Number of Massacres by Department," http://shr.aaas.org/guatemala/ceh/report/english/toc.html.
65. Herman and Chomsky, *Manufacturing Consent*, 제3장 "Legitimizing versus meaningless Third World Elections : El Salvador, Guatemala, and Nicaragua," 87-142. 저자들은 다음과 같은 잠정적인 결론을 내리고 있다 : "언제나 미국의 매스 미디어는 미국 정부가 후원하는 제3세계의 선거는 '민주주의를 향한 일보 전진'이라고 평가할 것이고, 미국 정부가 바쁘게 흔들어대는 나라의 선거는 광대극이자 속임수라고 평가할 것이다." 요컨대 "선전기구의 예단"이다(141).

때문만이 아니다. 월스트리트 저널의 편집자는 이 사건을 보도한 뉴욕 타임스의 레이먼드 보너(Raymond Bonner) 기자를 매국노라고 비난했고, 이 때문에 보너는 얼마 못 가 해고되었다.[66] 우리는 [표 3]에서 1982년 이후로 이 작전이 "잔혹행위"라고 불린 경우는 122건이지만 "학살"이라고 불린 적은 단 한 차례뿐임을 볼 수 있다.[67] 엘 모조테, 구 유고연방 전쟁에서 발생한 사라예보 시장지역, 라차크, 스레브레니카를 "잔혹행위"라고 부른 사례와의 현격한 수적 차이는 극적으로 대비된다.

과테말라의 민주주의는 1954년에 미국이 조종한 아르벤츠(Arbenz) 정부 전복과 함께 단명으로 끝났다. 그 뒤에는 폭동진압 테러 국가가 들어서서 잔혹한 국가 테러에 저항하는 반정부 대중운동을 상대로 체계적인 전투를 벌였다. 역대 군사 통치자들은 반민주주의 유혈작전을 벌이면서 미국으로부터 정기적인 지원을 받았다. 1980년 국제사면위원회는 과테말라의 상황을 조사한 『정치적 살인으로 유지되는 정부』(*Government by Political Murder*)란 제목의 보고서를 발표했고, 또 하나의 보고서 『실종 : 사례연구』(*Disappearance : A Case Study*)에서도 과테말라 상황을 언급했다. 진실위원회가 1999년에

66. Raymond Bonner, *Weakness and Deceit : U.S. Policy and El Salvador* (New York : Times Books, 1984)를 보라.
67. [살바도르 군대의 병사였던] Salgada는 "허풍이 심한 도밍고 몬테로사(Domingo Monterrosa) 대령이 엘 모조테(El Mozote) 공격을 명령했다. 지금 생각해 보면 그것은 '학살'이었다"고 말했다[*Washington Post* (2007. 1. 29)].

발표한 보고서는 국가가 조직한 잔혹행위 가운데서 가장 많은 사례(45%)가 하나의 부서[엘 퀴체(El Quiche)]에서 수행되었으며, 희생자의 절대다수(83%)가 원주민 마야족임을 밝히고 있다. 이 위원회는 "여러 잔혹행위와 인권침해 행위는 보다 고위층에서 전략적으로 수립한 계획에 따라 집행되었음은 행위의 논리적이고 통일적인 연속성에서 분명히 드러난다"고 결론지었다. 또한 이에 덧붙여 "과테말라 정부 요원들이 1981년에서부터 1983년까지 반폭동작전이란 틀 안에서 마야 인종집단을 대상으로 학살행위를 저질렀다"고 밝혔다.[68]

수백 건의 잔혹행위로 얼마나 많은 사람들이 살해되었는지 정확한 숫자는 알려지지 않고 있지만 20만 명 이상일 것으로 추정된다. 희생자의 대부분이 마야족이고 고위층에서 계획했다는 증거로 볼 때 과테말라의 역사는 보스니아의 내란과정에서 발생한 여러 사건보다 뉘른베르크 전범재판(또는 구 유고연방 범죄처리 국제재판소나 국제형사법정)이 정의한 음모, 인도주의에 반하는 범죄, "합동 범죄단체", 학살 등에 훨씬 더 가깝다. 그러나 범죄자는 "공산주의"와 맞서 싸운다는 미국의 하수인 국가였다. 그러므로 그들의 행위는 자비로운 잔혹행위였고, 희생자는 미디어에서 다룰 가치가 없거나 무시해도 좋은 존재였다. 실제로 범죄자들을 조사하고 처벌할 "국제법정"은 설립되지 않았고, 다만 역사적 진실규명위원회(Commission

68. Tomuschat, *Guatemala : Memory of Silence*, 구체적으로는 "Conclusions," para. 120, 122.

for Historical Clarification)만 구성되었다. 마야 인디언을 상대로 한 전쟁에서 살해당한 사람의 숫자가 1990년대 보스니아에서 살해당한 사람의 숫자보다 훨씬 많지만 "과테말라"란 나라의 이름은 사만다 파워가 쓴 책에는 등장하지 않는다. 그녀가 쓴 책의 부제가 "아메리카 대륙과 학살의 시대"인데도 … .

[표 3]에는 444명의 마야인이 살해되었다고 추정되는 1982년 3월의 리오 네그로 사건이 포함되어 있다. 리오 네그로 "잔혹행위"를 다룬 신문 기사는 21건이지만 리오 네그로 "학살"을 다룬 기사는 한 건도 없다. 더 나아가 "학살"이라고 불러야 적절한 잔혹행위의 긴 명단에서 리오 네그로는 한 차례도 연결되어 있지 않다. "학살"이란 단어가 사용된 사례를 살펴보면 [표 1]에서 보스니아의 경우 481건, [표 3]에서 스레브레니카의 경우 442건, 같은 [표 3]에서 엘 모조테의 경우 단 1건이고 리오 네그로의 경우에는 전혀 없음을 주목하자. 이것은 보도대상의 선정과 정치적 편향성이 깊은 관계가 있음을 의미한다. 아울러 뉴욕 타임스가 과테말라의 참상을 밝힌 국제사면위원회의 1980년과 1981년의 두 보고서를 단 한 차례도 인용한 적이 없고, 이 신문이 미국 시민 한 사람을 포함한 과테말라 종교계 인사 23명이 살해된 사건에 관해 보도한 횟수가 폴란드의 가톨릭 신부 예르지 포피엘루스코(Jerzy Popieluszko) 한 사람의 살해사건을 다룬 기사의 1/10도 안 된다는 사실도 명심해 두자.[69)]

69. Herman and Chomsky, *Manufacturing Consent*, 제2장 "Worthy and Unworthy Victims," 37-86 ; 특히 71-79.

앞의 여러 사례에서도 그러했지만 여기서도 차이는 23명은 하수인-집행자에 의해 살해되었기 때문에 그들의 죽음은 뉴스 가치가 없다는 점이다. 반면에 포피엘루스코는 적-가해자인 당시 공산당이 집권한 폴란드 정부에게 살해되었으므로 사건은 사악한 사례로 분류되고 희생자의 죽음도 가치 있는 것으로 분류되어 훨씬 더 많이 보도되고 책임져야 할 최고위층에 대한 엄청난 분노와 끝없는 추궁이 이어질 수 있었다.

가공의 학살

우리가 믿고 있는 바와 같이 라차크가 가공의 잔혹행위였다고 한다면 그 때문에 일어났다고 세상에 선전된 전쟁은 거짓을 바탕으로 하고 있으며, 이 전쟁은 정의를 추구하기 위한 것이라는 주장은 이 사실 하나만으로도 의심받지 않을 수 없다.

라차크

"세르비아군의 공격 후 사지가 훼손된 시체 발견." 1999년 1월 17일자 뉴욕 타임스 1면 머리기사의 제목이다. 런던의 선데이 타임스는 "코소보의 세르비아군이 마을 주민 45명을 잔혹하게 살해"란 제목을 달았고, 워싱턴 포스트는 "코소보에서 마을 주민들 '잔혹하게' 살해"라는 제목을 붙였다.

뉴욕 타임스의 기사는 시작부터 "총상을 입거나 사지가 훼손된 … 알바니아계 주민 45명의 시체가 발견되었고", "이들 모두는 민간인 복장을 하고 있으며", 섬뜩하게도 "눈알이 도려내졌고 두개골이 함몰되었으며 시체 한 구는 목이 잘린 것"이라고 자세히 묘사하고 있었다. 런던 타임스와 워싱턴 포스트는 "눈알이 도려내졌다"는 표현을 그대로 되풀이했고, 많은 신문들도 이를 받아 기사로 실었다. 뉴욕 타임스는 "목이 잘렸다"는 부분을 강조했고 워싱턴 포스트는 "두개골이 함몰되었다"는 부분을 강조했다. 빌 클린턴("계획적이고 무차별적인 살인행위")에서 UN 사무총장 코피 아난("매우 우려한다")에 이르기까지 서방세계의 지도층 인사들이 논평을 내놓았다. 또한 NATO 사무총장 하비에르 솔라나(Javier Solana, "민간인에 대한 계획적이고 미친 살인행위에 충격과 분노를 느낀다"), 영국 외무장관 로빈 쿡(Robin Cook, "이 야만적인 행위를 규탄한다")이 한마디씩 보탰고, 구 유고연방 범죄처리 국제재판소 수석검찰관 루이스 아르부르는 대변인을 통해 코소보에 대한 "즉각적이고 제약 없는 접근"을 요구하고 48시간 이내에 현지로 갈 계획이라고 밝혔다.[1] 견고한 요새처럼 전에는 들어본 적도 없고 주의 수도 프리스티나에서 자동차로 한 시간 반이나 걸리는 마을의 이름이 주요 서방 신문에 머리기사로 등장하게 되었다.

1999년 1월 15일의 "라차크 잔혹행위"는 클린턴 행정부의 관리들과 NATO에게는 매우 편리한 명분이었다. 이 사건은 NATO가 "[유고연방공화국] 지역의 목표에 대한 공중공격을 승인하고" 벨그라드의 세르비아 지도부에게 랑부이예 회담의 마지막 라운드에 나오도록 최후통첩을 보내는 "전기"가 되었다. 랑부이예 회담 자체도 NATO가 워싱턴에서 창설 50주년 정상회담이 열리는 4월에 맞춰 폭격전을 시작할 명분을 연출하기 위한 무대에 불과했다. 매덜레인 올브라이트는 라차크 사건을 처음 보고받고서 기뻐하면서 "코소보에는 봄이 일찍 찾아오겠군"이라고 말했다.[2] 40명(여자 1명

1. AP 통신, "세르비아의 공격이 있은 후 사지가 절단된 시체 발견," *New York Times*(1999. 1. 17) ; Juliet Terzieff, "코소보 세르비아인, 주민 45명을 살해," *Sunday Times*(U.K., 1999. 1. 17) ; Guy Dinmore, "코소보에서 주민들 '잔혹하게' 살해되다," *Washington Post*(1999. 1. 17).
2. 바톤 겔만(Barton Gellman), "위기로 가는 지름길 : 미국과 동맹국은 어떻게 전쟁을 일으켰나," *Washington Post*(1999. 4. 18).

과 남자 39명)의 죽음을 올브라이트에게 직접 보고한 인물은 레이건 시대에 중미문제를 관리했던 전문가이자 당시에는 코소보 검증단(Kosovo Verification Mission)에 나가 있던 윌리엄 워커(William Walker)였다. 코소보 검증단은 이름은 그럴 듯하지만 실상은 미국의 전쟁 준비 조직인 유럽안보협력기구(Organization for Security and Cooperation in Europe : OSCE)의 하부기관이었다.[3] 워커는 1월 16일 아침에 라차크로 달려가 "잔혹행위"가 벌어졌다고 선언하고 구 유고연방 범죄처리 국제재판소에서 책임자를 처벌해야 한다고 요구했다. 그는 엘살바도르 주재 미국 대사로 근무하던 1989년에 살바도르 군대가 6명의 제수이트파 신부와 그들의 가정부, 가정부의 딸을 살해한 사건을 은폐하는 역할을 멋지게 해낸 적이 있었고, 그래서 이번에도 모든 사람들이 그가 미국의 정보기관원으로서 같은 역할을 해

3. 코소보 검증단은 베오그라드(Belgrade) 측과 NATO의 특별대표 홀부룩(Richard Holbrooke) 사이에 1998년 10월 체결된 협정에 의해 설립되었으며, 비무장 조사요원 2,000명이 코소보에서 세르비아계의 휴전협정 준수 여부와 세르비아 군대의 부분적인 철수를 감시했다. 그러나 검증단에 참여한 스위스 요원은 스위스 신문 *La Liberté*와의 인터뷰에서 이렇게 말했다 : "우리가 활동하는 동안 OSCE 순찰대가 수집할 정보는 NATO가 위성을 통해 수집한 정보를 확인하는 것뿐이라는 사실을 우리는 처음부터 알고 있었다. 우리는 NATO를 위해 침투활동을 하고 있다는 느낌을 강하게 받았다." 타리크 알리(Tariq Ali) 편저, *Masters of the Universe : NATO's Balkans Crusade*(New York : Verso, 2000), 162에 수록된 Diana Johnstone, "Humanitarian War : Making the Crime Fit the Punishment"를 보라.

주기를 기대하고 있었다.[4] 워커는 엘살바도르에 있을 때 "이런 상황에서는 관리 통제의 문제가 존재한다. 하버드 경영대학원에서 가르치는 그런 관리 통제의 문제가 아니다. 내가 말하고자 하는 것은 이건 전쟁이란 점"이라고 설명했다. 워커 대사의 설명대로라면 엘살바도르에서는 치열한 전투과정에서 과잉행동이 있었을 뿐 사전에 수립된 계획에 따라 집행된 잔혹행위는 없었고, 코소보에서는 잔혹행위는 있었지만 "전쟁"은 없는 것이 된다. 후에 로스엔젤레스 타임스가 보도한 바와 같이 자칭 "인권을 지키는 십자군이 된 것은 워커의 과거 이력으로 보자면 대단한 변신이다."[5] 그러나 워커는 과거와 결별했고, 이를 알아챈 신문은 사실상 로스엔젤레스 타임스가 유일했다.

우리는 라차크에서 잔혹행위가 일어났다고 생각하지 않는다.[6]

4. 멘들(Michael Mandel)에 의하면, 윌리엄 워커(William Walker)가 수행했던 1980년대의 "구린내 나는 임무"에는 니카라과의 산디니스타 정부의 전복이 포함되어 있었고, 이 활동 때문에 그는 "Oliver North와 함께 일한 혐의로 Iran/Contra 사건의 '조사대상'"이었다(*How America Gets Away With Murder*, 77, and n. 98, 267).
5. Lee Hockstader, "Our Man in El Salvador," *Washington Post*(1989. 12. 19); 엘리자베스 쇼그렌(Elizabeth Shogren), "윌리엄 워커, 한때는 엘살바도르에서의 활동 때문에 비난받던 인물이 알바니아계 난민들로부터는 영웅취급을 받다." *Los Angeles Times*(1999. 4. 14).
6. "라차크 잔혹행위"에 대한 우리의 평가에 관해서는 Hammond and Herman, *Degraded Capability*, 111-122(특히 117-119)에 수록된 Edward S. Herman and David Peterson, "CNN : Selling NATO's War Globally"를 보라(http://www.zcommunications.org/znet/viewArticle/20753에도 게시

1월 15일, 세르비아군이 라차크와 그 밖의 코소보해방군의 거점(벨린체, 말로폴예체, 페트로보)을 공격할 때에는 초청받은 유럽안보협력기구의 참관단이 따라다녔을 뿐만 아니라, AP 통신의 사진기자가 작전 전과정을 촬영했다. 몇몇 지점에서 세르비아군과 코소보해방군 사이에 다수의 총격전이 벌어졌는데, 그 지점은 대부분이 마을 외곽에 있는 숲이었다. 세르비아군은 일몰 훨씬 전에 이들 지역에서 철수했다. 같은 날 저녁, 프랑스 기자 크리스토프 샤텔러(Christophe Chatelet)는 라차크로 가 유럽안보협력기구의 참관단을 만났지만 그들 가운데서 잔혹행위와 비슷한 사건을 목격했다고 말한 사람은 아무도 없었다. 그러나 코소보해방군이 밤 사이에 라차크로 돌아왔고, 다음날 아침에는 마을 외곽의 도랑에서 22구의 시체와 마을 안의 여러 지점에서 최소한 18구의 시체가 발견되었다. 그 전날 전투현장에 있었던 세르비아군은 왜 이 시체들을 치우거나 매장하지 않았는지, 유럽안보협력기구의 참관단과 AP 통신 사진기자는 왜 이런 사실을 기록하지 못했는지에 대해서는 해명된 적이 없다. 그리고 유럽안보협력기구의 직원들은 이 사건에 대해 공개적으로 발언하지 말라는 지시를 받았다.

1월 16일, 황급히 현장에 도착한 윌리엄 워커는 법의학적 검사를 위해 현장을 보존하는 조치를 하지 않았고, 중요한 증거는 영원히 훼손되었다. 또한 워커는 1월 22일까지 법의학 전문가들의 현장 접근과 시체조사를 막았다.[7] 시체가 들어찬 도랑은 그날 워커의 유

되어 있다).

명한 고발의 배경이 되었다 : "나는 직접 본 것을 바탕으로 이 사건이 잔혹행위이며 명백히 인도주의에 반하는 범죄라고 단정하는 데 주저하지 않겠다. 또한 나는 이 사건의 책임이 정부 보안군 측에 있음을 추호도 의심하지 않는다."[8] 코소보해방군의 고문 마르크 웰러(Marc Weller)는 워커가 지휘한 팀의 코소보에서의 활동성과를 이렇게 요약했다 : "라차크 잔혹행위가 우연히[원문 그대로 인용함] 발견됨으로써 … NATO는 아무런 행동도 취하지 않는 입장을 유지하기가 어렵게 되었다."[9] "인도주의적" 개입 정권의 입장에서는 결정적인 개전(開戰)의 단서가 만들어진 것이다.

1월 22일부터 프리스티나 대학에서 활동을 시작한 EU 법의학 팀은 현장에 늦게 도착했고, 팀의 책임자 헬레나 란타(Helena Ranta, 핀란드인)는 워커와 핀란드 정부로부터 라차크 사건은 민간인에 대한 잔혹행위이며 인도주의에 반하는 범죄라고 선언하라는 압력을 받았다. 란타는 결국 이 압력을 역설적으로 수용했다. 그녀는 법의

7. 여기에서 밝힌 워커(Walker)의 행동은 라차크 사건조사 EU 법의학 팀의 보고서 발표와 관련하여 핀란드 출신 병리학자 헬레나 란타가 1999년 3월 17일에 발표한 개인 성명 내용을 정리한 것이다. Incident. 란타는 부검을 실시한 법의학 팀의 일원이었다. 그녀의 성명은 Marc Weller 편, *The Crisis in Kosovo 1989–1999*(Cambridge, U.K. : Documents & Analysis Publishing, Ltd., 1999), 333–335에 수록되어 있다.
8. "코소보 잔혹행위에서 45명 피살," AFP 통신(1999. 1. 16). ABC-TV의 *Nightline*은 윌리엄 워커를 "Man With a Mission"이라고 치켜세웠다(1999. 1. 29).
9. Marc Weller, *The Crisis in Kosovo 1989–1999*, 291.

학 팀이 범죄현장이라고 알려진 곳에 접근할 수 없었고, 워커가 말로 전해주는 증거에 의존했기 때문에 부검이 시작된 시점에서는 사망자들의 정확한 사망시각을 확인하기가 불가능했다고 밝혔다. 뿐만 아니라 란타는 자신의 작업에 정치적 압력이 가해지고 있다고 비난하면서 초기의 발표 이후로 법의학 팀의 활동에서 차츰 손을 떼나갔다. 2008년 핀란드에서 출판된 란타의 전기는 그녀의 말을 인용하여 워커가 "전쟁이 시작될 수 있도록 [라차크 잔혹행위] 뒤에는 세르비아가 있다고 내가 말해주기를 원했다"고 기록하고 있다.[10)]

이 모든 것들은 "라차크 잔혹행위"가 무엇보다도 **정치적 조작**이며, 란타가 암시한 대로 드러난 증거들은 전쟁을 정당화하기 위한 핑계이므로 철저하게 검증되어야 한다는 사실을 보여준다. 샤텔러의 증언과 세르비아군의 1월 15일의 행동 정황 이외에도 1월 16일에 발견된 시체들은 단순한 민간인이 아니라 전투요원이라는 법의학적 증거가 있다. EU 법의학 팀의 일원으로서 활동했던 세르비아의 법의학 병리학자 두산 둔지치(Dusan Dunjic)의 말에 따르면, 프리스티나 대학 법의학 교실에서 부검한 40구의 사체 가운데서 37구의 손에서 화약 잔류물이 검출되었다고 한다. 둔지치는 "화약 잔류물이 검출되었다는 것은 사체의 주인공들이 사망하기 직전에 무

10. "법의학 전문가, 라차크 살육의 책임을 세르비아에게 돌리도록 강요받았다고 밝히다," AFP 통신(2008. 10. 22). 여기서 인용한 전기는 Kaius Niemi, "Helena Ranta, Human Mark"이다.

기를 다루었음을 의미한다"고 기록했다.[11]

또 하나 중요한 증거는 2001년에 나온 EU 법의학 팀의 재평가 보고서이다.[12] 40사례 전부의 사망원인은 총상이지만 상처의 숫자는 사체에 따라 큰 차이를 보였다. 6구의 사체는 단 한 발의 총격으로 사망에 이르렀지만 15구의 사체에서는 2발에서 5발 사이의 총상부위가 발견되었고, 14구의 사체에서는 6발에서 10발, 5구의 사체에서는 11발에서 20발의 총상부위가 발견되었다.[13] 22명에서 40명 사이의 알바니아계 코소보 민간인이 세르비아군에게 둘러싸여 잔인하게 총살되었다는 "잔혹행위론"을 받아들인다면, 6명이 단 한 발의 총격으로 사망했는데 나머지 34명은 2발에서 20발 사이의 총격을 받아 사망했다는 사실은 설명이 되지 않는다. 총상부위 숫자의 이와 같은 편차는 오히려 다른 사실을 암시한다. 사망자들은 상이한 환경(전문가들의 표현에 따른다면 상이한 "사망방식"[14])과 장소와 시간에 살해되었음이 분명하다. 나아가 40구의 사체 가운데서 단

11. Mandel, *How America Gets Away With Murder*, 73.
12. J. Rainio et al., "Independent forensic autopsies in an armed conflict : investigation of the victims from Račák, Kosovo," *Forensic Science International*, Vol. 116, No. 2(2001), 171-185, http://www.journals.elsevierhealth.com/periodicals/fsi/article/PIIS0379073800003923/abstract를 보라.
13. *Ibid*., [표 3], Principal Findings, 179.
14. 라이니오 외는 사망의 원인(즉 이 경우 총상)과 사망의 방식(전투원 대 비전투원, 또는 전투 중 사망과 처형에 의한 사망)을 분명하게 구분하고 있다. 처형에 의한 사망만이 '잔혹행위'에 포함될 수 있다.

지 11사례에서만 "연속적인 총격이 가해졌다는 일관된 흔적이 … 검출되었다." 나머지 사체에서는 "탄도의 방향이 일치하는 경우가 거의 없었다."[15] 드러난 증거들을 종합해 보면 1월 15일에 공격작전을 실시한 세르비아군이 저질렀다는 라차크 마을 내부와 주변에서 벌어진 살인과 다른 세 마을의 살인은 전적으로는 아닐지 모르나 주로 처형이 아닌 전투 중 사망임을 강하게 암시한다.[16]

그러나 클린턴과 주류 미디어는 워커가 현장에서 처음으로 발언한 내용을 그대로 받아들여 최소한 40명의 알바니아계 코소보 민간인이 잔혹하게 살해되었다고 인정했고, 이리하여 세르비아인들의 사악함과 잔인함은 다시 한 번 명성을 확보하게 되었다. 빌 클린턴은 라차크에 관한 거짓말을 되풀이했는데, 심지어 전쟁이 시작되기 5일 전에 있었던 TV로 전국에 중계된 기자회견에서 "무고한 남자와 여자 그리고 어린이가 그들이 한 행위 때문이 아니라 그들이 어떤 인종이라는 이유로 집으로부터 도랑으로 끌려나와 진흙 구덩이에 무릎을 꿇린 채 총격세례를 받았다"고 말했다.[17] 앞에서 언

15. *Ibid*., 180, 183.

16. 추가적인 정보로는 "법의학실, 코소보 알바니아인 살해의 증거는 없다고 밝히다," BBC Summary of World Broadcasts(1999. 2. 18) ; "검찰, 코소보의 공격에 경찰은 혐의 없다고 밝히다," BBC Summary of World Broadcasts(1999. 3. 12) ; "핀란드인 부검의, 라차크 살육에 결론을 유보," AFP 통신(1999. 3. 17) ; "유고슬라비아 법의학 전문가, 코소보에서 살육은 없었다고 밝히다," BBC Summary of World Broadcasts(1999. 3. 18) ; Strauss, "코소보 살인 조사결과 분노를 촉발," *Daily Telegraph*(1999. 3. 18)을 보라.

급했지만 올브라이트는 워커로부터 "잔혹행위"의 소식을 전해 듣고는 기뻐했다. 루이스 아르부르는 워커의 말만 듣고 재빨리 "라차크 잔혹행위"는 범죄라고 선포했다. 독일 대통령은 헬레나 란타의 3월 17일 기자회견을 취소하도록 설득했다. 란타는 이날의 기자회견에서 엄청난 압력을 받으면서도 EU 법의학 팀의 조사결과에 대한 "편향된 개인적" 해석을 발표했다. 3월 17일은 랑부이예 회담의 마지막 날로서 벨그라드 측이 NATO의 임박한 침공을 모면해 보려던 시도가 무산된 날이기도 하다. "라차크 잔혹행위"는 NATO가 전쟁으로 가는 길에서 대단히 중요한 의미를 갖는 사건이었고, 그래서 1999년 1월 15일에 일어난 이 사건이 구 유고연방 범죄처리 국제재판소가 슬로보단 밀로세비치(Slovodan Milosevic)가 NATO의 폭격전이 시작되기 전에 코소보에서 저질렀다고 판결한 유일한 범죄였다.[18]

미디어는 "라차크 잔혹행위"를 전단(戰端)으로 만드는 데 모범적인 역할을 했다. 그 중에서도 가장 두드러진 것은 거의 대부분의 미디어가 세르비아의 공격이 어떤 환경 하에서 이루어졌는지를 살

17. "클린턴, 코소보 문제에 관한 세르비아 측의 비타협적 태도에 분노와 동정을 표시하다," *New York Times*(1999. 3. 20).

18. *Prosecutor Against Slobodan Milosevic* et al.(IT-99-37), 1999. 3. 22. 별표 A : "Persons Known by Name Killed at Račak—1999. 1. 15"를 보라. 코소보 사태로 기소된 바로 다음 사건은(별표 B) 1999년 3월 25일 벨라 츠르크바(Bela Crkva)에서 발생했다고 명시되어 있는데, 이날은 NATO가 연합군 작전을 개시한 다음 날이다.

펴보지 않았다는 점이다 : "라차크 잔혹행위"가 있기 한 주 전 주말에 세르비아 경찰들이 코소보해방군에게 살해되었다 ; 세르비아군은 유럽안보협력기구와 AP 통신 사진기자와 프랑스 기자가 참관·취재하도록 초청했다 ; 더 나아가 세르비아군은 땅에 널린 시체를 치우지 못할 만큼 무능했다(코소보해방군이 밤 사이에 마을로 돌아오기 전까지는 아무도 시체를 보지 못했다) ; 윌리엄 워커는 미국 정부가 해외에서 저지른 전쟁을 관리 통제하는 요원이었다 ; 빌 클린턴이 세르비아 군대가 "그 인종 때문에" 알바니아계 여성과 어린이를 목표로 했다고 거짓말했다 ; EU 법의학 팀과 헬레나 란타는 압력을 받았다 ; 당시에 "라차크 잔혹행위"는 미국과 NATO의 정책에 편리한 명분이었다. 요컨대 "잔혹행위"는 미국과 NATO가 몇 달 동안 준비해 왔던 폭격전을 개시하는 데 좋은 빌미가 되었으며, 미디어는 이들 세력이 짜놓은 정치적 각본이 무대에 오르는 데 도움을 주었다.

[표 3]에서 보는 바와 같이 신문이 라차크를 다루면서 "잔혹행위"라고 표현한 기사가 312건인데, 이는 엘 모조테의 경우보다 거의 3배나 더 많은 숫자이다. 엘 모조테야말로 라차크와 비교할 때 희생자 수가 최소 18배에서 최대 22배나 많고, 관리 통제의 수법을 동원한 가공의 잔혹행위가 아니라 실제로 민간인이 희생된 사건이며, 희생자를 위해 정의가 실현된 적이 없는 사례이다. 우리가 믿고 있는 바와 같이 라차크가 가공의 잔혹행위였다고 한다면 그 때문에 일어났다고 세상에 선전된 전쟁은 거짓을 바탕으로 하고 있으며, 이 전쟁은 정의를 추구하기 위한 것이라는 주장은 이 사실 하나만

으로도 의심받지 않을 수 없다.

결론

지난 수십 년 동안 "학살"이란 단어는 사용 빈도가 늘어났고 무분별하게 사용된 사례가 늘어나다 보니[1] 원래 이 단어가 적용되었

1. 1990년에서 2008년까지 19년 동안 미국의 미디어 업계의 흐름을 살펴보면 1990년에는 "학살"이란 단어가 사용된 기사가 1,352건이다. 1999년이 되자 이 단어를 사용한 기사는 252%(4,758건) 늘어났고 2006년에는 최고 수준으로서 297%(5,369건)로 늘어났다. Factiva 데이터베이스로 연도별로 검색한 결과. 사용된 매개변수 : *rst=(nytf or j or wp or usat or atjc or bstngb or sfc or dal or grdn or ob or ind or indos or t or st or ec or smhh or*

어야 할 20세기 범죄의 의미가 왜곡된 경우가 많다. 그런 가운데서도 변함이 없는 것은 1973년이나 1988년 못지않게 지금까지도 이 단어의 사용 이면에는 거대한 정치적 편향성이 존재한다는 사실이며, 그래서 "미디어가 이 단어를 어떻게 사용하는가를 보면 누가 미국의 적이며 누가 미국의 친구인지를 알 수 있다."[2)]

우리 미국 자신이 대규모 잔혹범죄를 저지르면 그 잔혹행위는 **건설적인** 것이고, 희생자들은 우리가 분노하고 관심을 기울일 만한 **가치가 없는** 대상이며, 그래서 우리는 학살과 무관하게 된다. 그런 사례가 지난 20년 동안 엄청난 수의 희생자를 낸 이라크의 **하등인간**이다. 그러나 대규모 잔혹범죄의 가해자가 우리의 적이거나 무너뜨려야 할 대상 국가라면 정반대가 된다. 이때 잔혹행위는 **사악한** 것이 되고, 희생자는 우리가 주목하고 동정하며 대중적 연대감을 보여줄 **가치가 있는** 대상이 된다. 그래서 우리는 조사와 처벌을 요구한다. 사악한 잔혹행위에는 걸맞은 이름이 준비되어 있는데, 행위가 일어난 장소를 따라 이름을 붙이는 게 표준이다. 그런 이름을 다 들먹이자면 숨이 찰 정도이다 : 캄보디아(크메르 루주 치하의 캄보디아만 지칭한다. 그에 앞서 미국과 그 동맹들이 대량 살상을 저지른 시기의

glob or tor or lba) and genocid.*

2. Herman and Chomsky, *Manufacturing Consent*, xxi.

캄보디아는 제외된다), 이라크(미국이 책임져야 할 시기는 빼고 사담 후세인에게 책임을 돌릴 수 있는 시기만 해당된다), 할라브자, 보스니아, 스레브레니카, 르완다, 코소보, 라차크, 다르푸르. 이런 세례명을 받음으로써 사악한 잔혹행위의 반열에 오르게 된다.

미디어와 "학살" 지향의 지식인들뿐만 아니라 선구적인 NGO들도 잔혹행위와 학살에 관해서는 패권국가 미국이나 EU와 UN 관리들의 공식 노선을 추종한다. 미디어와 지식인들은 "깃발을 따라가고", 학살의 정치학은 필요에 따라 사악한 잔혹행위는 과장하고 건설적이거나 자비로운 잔혹행위는 축소하거나 무시한다. 앞에서 본 대로 NGO뿐만 아니라 UN의 관료들도 사악한 잔혹행위로 분류되는 다르푸르[3]와 보스니아, 르완다와 코소보 같은 경우는 집중적으로 조명하겠지만 건설적이고 자비로운 잔혹행위로 분류되

3. UN News Center의 데이터베이스에서 2004년에서 2008년까지 5년 동안에 다르푸르를 다룬 기사와 이라크를 다룬 기사를 검색해 보면 다르푸르를 다룬 기사는 1,711건인데 이라크를 다룬 기사는 이보다 10% 적은 1,555건이다. 한마디로 말해 UN은 미국이 주권국가를 상대로 벌인 침략과 점령 때문에 발생한 수많은 분쟁과 위기는 제쳐두고 다르푸르 사태로 관심을 유도했다. 미국에 대한 UN의 이러한 굴종적인 자세는 UN 헌장의 정신에도 어긋날 뿐만 아니라 UN의 존재 이유를 의심하게 하는 것이다.

는 중미, 이라크, 콩고민주공화국, 아프가니스탄, 팔레스타인 같은 경우는 무시할 것이다.

국제형사법정의 수석검찰관 루이스 모레노-오캄포(Luis Moreno-Ocampo)가 2008년 7월에 수단 대통령 오마르 하산 아마드 알-바시르(al-Bashir)에 대해 2003년 이후 수단 서부지역 다르푸르에서 발생한 "10건의 학살, 인도주의에 반하는 범죄와 전쟁범죄"에 관련된 혐의로 체포영장을 청구했는데, 이것은 현직 국가 최고지도자가 국제형사법정으로부터 이런 영광을 받은 첫 번째 사례였다. (슬로보단 밀로세비치가 1999년에 재임 중 국제법정에서 유죄판결을 받은 첫 번째 국가 최고지도자가 되었듯이.) 모레노-오캄포는 체포영장 청구의 이유를 "[알-바시르의] 동기가 대체로 정치적이고, 그의 변명은 '폭동진압'이며, 그의 의도는 학살이기 때문"이라고 요약했다.[4)]

국제형사법정은 2009년 3월에—서방 주류집단의 환호 속에[5)]—

4. Luis Moreno-Ocampo, *Prosecutor's Statement on the Prosecutor's Application for a Warrant of Arrest under Article 58 Against Omar Hassan Ahmad Al Bashir*, 국제형사법정, The Hague, 2, http://www.icc-cpi.int/library/organs/otp/ICC-OTP-ST20080714-ENG.pdf ; 관련 보도자료(2008. 7. 14), http://www.icc-cpi.int/press/pressreleases/406.html.
5. 예컨대 "21세기에는 대량살상은 더 이상 지배자의 특권이 아니라는 단호한 선언"[Nicholas D. Kristof, *New York Times*(2009. 2. 26)] ; "21

인도주의에 반하는 범죄와 전쟁범죄 혐의로 알-바시르에 대한 체포영장을 발부했다(학살혐의는 제외되었지만 후에 모라노-오캄포는 이 혐의도 포함되어야 한다고 법정에 이의를 제기했다[6]). 국제형사법정은

세기에는 아무리 권력 있는 자라도 정의의 영역에서 제외될 수 없다는 중요한 선언"[전 캐나다 외무장관 로이드 액스워시(Lloyd Axworthy), *Toronto Globe and Mail*(2009. 3. 4)] ; "대통령일지라도 잔혹범죄의 자유통행권을 보장받지 못한다"[Richard Dicker, International Justice Program Director, Human Rights Watch(2009. 3. 4)] ; "이 발표는 다르푸르와 세계 모두에게 인권침해 범죄자는 아무리 큰 권력을 가졌다 할지라도 법정에 서게 된다는 사실을 알려준 중요한 신호이다"[Irene Khan, 국제사면위원회 사무총장(2009. 3. 4)] ; "잔혹하게 살해된 30만 명과 추방, 강간, 부상당한 250만 명에게 정의가 반드시 실현되어야 함을 알려주었다. 세계는 그들의 노력을 지지하며 정의를 요구한다" [George Clooney, 헐리우드 배우이자 UN 평화 홍보대사, *The Daily Beast*(2009. 4.)] ; "전세계의 독재자들에게 주는 영원히 정의의 실현을 피해갈 수 없다는 메시지"[*The Times* of London(2009. 3. 5)] ; "잔혹행위에는 불처벌이 없다는 교훈을 … 바시르 같은 인물이 활약하는 모든 나라에게 주었다"[*New York Times*(3. 7)].

6. 체가예 타데세(Tsegaye Tadesse), "국제형사법정, 수단의 바시르를 학살혐의로 기소," 로이터 통신(2009. 7. 7)를 보라. 7. 3, African Union은 UN 안전보장이사회가 "알-바시르(al-Bashir)에 대한 심리 연기를 거부한 데 대해" 유감을 표시하면서 "AU 회원국은 국제형사법정의 로마 장정 98조에 규정한 면책조건에 따라 알-바시르 대통령의 체포와 인도에 협력하지 않을 것"이란 성명을 발표했다. 그로부터 단지 4일

"[로마] 장정서명 당사자가 아닌 국가의 영토에 대한" 재판권을 행사할 수 있는 가장 중요한 근거를 솔직하게 정치적 표현으로 밝혔다 : "장정의 핵심 목표 중 하나는 국제사회 전체가 관심을 갖고 있으며 '반드시 처벌받아야 하는' 가장 심각한 범죄의 행위자에 대한 불처벌을 종식시키는 것이다."[7] 실효성이야 어떻든 수단 대통령에 대한 체포영장의 발부는 장기적으로 보자면 국제정의를 진작시킨다는—법정의 주장이 그랬다—보다 높은 선에 부합된다 : 법은 모든 사람에게 동등하게 적용될 뿐만 아니라 누구든 "공적 권능에 관계없이" 모든 사람에게 동등하게 적용되는 것처럼 보여줄 수도 있다.[8] 이것이 국제형사법정이 표면적으로 내세운 이유였다. 알-바시르

후에 모레노-오캄포(Moreno-Ocampo)가 국제형사법정에 알-바시르를 학살혐의로 기소함으로써 국제형사법정의 정치색을 다시 한번 확인시켜 주었다.

7. 아쿠아 쿠엔예히아(Akua Kuenyehia) 판사 외, *The Case of the Prosecutor v. Omar Hassan Ahmad Al Bashir*(ICC-02/05-01/09), 국제형사법정, The Hague(2009. 3. 4), para. 40, 42, http://www.icccpi.int/iccdocs/doc/doc639096.pdf.

8. "당 법정은 … [로마] 장정 27(1)과 (2)가 다음과 같은 핵심 원칙을 담고 있음을 주목한다 : (i) '이 장정은 공적 권능에 관계없이 누구에게나 평등하게 적용된다' ; (ii) '누구든 … 공적 권능 때문에 … 이 장정이 규정한 범죄 책임을 면제받을 수 없다 … ,'" *Ibid*., para. 43.

기소는 전세계에 누구도 법 위에 있지 않다는 것을 증명해 준다.

국제형사법정의 피고인들이 누구인지를 살펴보면, 수단 대통령에 대한 국제형사법정의 체포영장 발부가 이런 논리와 주장을 충실하게 구현하고 있음을 분명하게 알 수 있다. 2009년 중반에 국제형사법정에 기소된 피고인 14명은 모두가 흑인 아프리카인인데, 중요한 살인협의자이면서도 공교롭게도 미국의 충실한 하수인인 두 흑인 아프리카 대통령(우간다의 요웨리 무세베니와 르완다의 폴 카가메)은 운 좋게도 포함되지 않았다. 서방 기득권 정치집단에서 국제형사법정의 선별기준에 대해 문제를 제기한 사람은 아무도 없다. 뿐만 아니라 국제형사법정이 기소를 발표할 때마다 박수를 보내는 "인권"과 "국제정의"를 부르짖는 NGO 가운데서도 이런 선별기준에 대해 문제를 제기한 단체는 없다.

불처벌 종식과 민간인에 대한 대량살육의 책임추궁에 있어서 절대로 인종이나 권력에 따른 차별을 두지 않는다는 것이 국제형사재판소가 발족할 때부터 내세운 약속이었다. 로마 장정을 이끌어낸 협상이 마무리된 1998년 7월, 당시 UN 사무총장이던 코피 아난은 로마로 날아가 협상회의의 폐막식에 참석했다. "지금까지는 권력을 가진 자가 인도주의에 반하는 범죄를 저질렀을 때 그들이 권력을 유지하고 있는 동안에는 심판할 수 있는 세속의 법정은 없었다"고 말했다. 그런데 새로 출범하는 국제형사법정이 이런 상황을 모두

바꿀 것이다. 아난은 "힘없고 의지할 곳 없는 사람들의 권리를 지켜 주고자 하는 판결은 … 어느 한쪽이 힘이 강하기 때문에 다른 한쪽을 심판하는 자리에 앉는 '승자의 정의'라는 조롱은 더 이상 없을 것"이라고 말했다. "특정한 분쟁에서 발생하거나 특정한 정권이 저지른 범죄를 다루기 위해 설치했던 헤이그나 아루샤의 법정 같은" 임시 법정이 "같은 범죄인데도 다른 사람이 저질렀거나 다른 시기와 다른 장소에서 발생했기 때문에 처벌하지 않았다"는 비난을 받는 일은 더 이상 없을 것이다. "마침내 우리는 … 국제사회 전체가 염려하는 가장 심각한 범죄인 학살, 인도주의에 반하는 범죄, 전쟁 범죄를 심판할 수 있는 상설법정을 갖게 될 것이다."[9)]

그런데 로마 장정은 아난의 약속을 아예 처음부터 비웃고 있었다. 국제형사법정이 심판할 네 가지 "국제사회 전체가 염려하는 가장 심각한 범죄"를 규정한 장정 5조 1항에는 "침략의 범죄"가 열거되어 있기는 하다(나머지 세 가지는 학살, 인도주의에 반하는 범죄, 전쟁 범죄). 그런데 5조 2항에는 "법정은 침략의 범죄에 대해, 이 범죄와 관련하여 재판권을 행사할 조건과 이 범죄에 대한 정의가 마련되었을 때[에만] 재판권을 행사한다"고 덧붙이고 있다.[10)] 이 범죄의 중

9. Kofi Annan, "UN 사무총장 성명"(1998. 7. 18).
10. 로마 장정, http://untreaty.un.org/cod/icc/index.html. 을 보라.

요성이 매우 높고 또한 관심이 높아가고 있음에도 불구하고, 따라서 2002년부터 국제형사법정 내부에 로마 장정 개정을 검토하는 특별작업반이 활동하고 있음에도 불구하고 아직까지 정의는 나오지 않고 있다.[11] 뿐만 아니라 요크 대학의 마이클 멘덜(Michael Mandel) 교수가 지적하듯이 장정 개정은 서명국 7/8이 비준해야 효력을 갖게 되며, "동의하는 서명국에게만 효력을 미치게 된다. … 달리 말하자면 거의 모든 서명국이 동의해야만 최고 범죄에 대해 재판권을

11. 침략범죄에 관한 특별작업반의 웹사이트, 국제형사법정, http://www.icc-cpi.int/Menus/ASP/Crime+of+Aggression을 보라. 이 작업반은 2009년 내내 국제형사법정의 침략에 관한 정의를 UN 총회가 1974년 12월 14일에 채택한 정의(A/RES/3314—부속서를 보라)와 맞추는 작업을 해왔다. 요점만 말하자면, 이 작업반이 마련한 침략의 정의에는 비국가행위자에 의한 테러행위는 제외하고 "타국에 대한 침입, 공격 또는 일시적일지라도 타국에 대한 군사적 점령"뿐만 아니라 "타국에 대한 폭격, 일국이 제3국의 타국에 대한 침략행위를 도울 목적으로 행하는 봉쇄 또는 타국에 대한 무력행위"가 포함되어 있었다." "침략범죄 특별작업반의 활동에 관한 기자회견," UN Department of Public Information(2009. 2. 13), http://www.un.org/News/briefings/docs/2009/090213_ICC.doc.htm. 하지만 우리는 이 작업반의 임무가 완성되지 않을 것이란 확신을 갖고 있다. 아니면 임무가 완성된다 하더라도 로마 장정이 아직까지 그렇듯 선별적이고 차별적인 새로운 제한이 따라 붙을 것이다.

행사할 수 있고, 결국은 원하는 서명국은 언제나 예외를 인정받을 수 있다."[12] 이렇게 해서는 불처벌의 문화를 끝낼 수 없다. 사실을 말하자면 이것은 정의는 상대를 가리지 않는다는 고대의 금언에 대한 전면적인 부정이다.

그리고 국제형사법정이 가장 강력한 국가에게 불처벌의 기회를 보장해 준다는 것은 멘델이 지적한 대로 항구적인 임시 법정을 원하는 미국의 욕구를 만족시켜 주고 채워주는 일이 된다. 미국의 희망은 특정 분쟁이나 특정 정권을 다루는 구 유고연방 범죄처리 국제재판소와 르완다 범죄처리 국제재판소 같은 법정을 "상설화시켜 … 사안에 따라 안전보장이사회의 결의로 즉각 가동시키는 것인데",[13] 2005년 3월에 수단 서부지역 다르푸르의 위기가 "국제평화와 안보에 지속적인 위협이 된다"는 논리를 내세워 안전보장이사회 결의 1593호를 통해 국제형사법정의 검찰관실에 회부된 사례가 바로 그런 것이었다.[14] 알-바시르 사례는 국제형사법정과 보호책

12. Michael Mandel, *How America Gets Away With Murder*, 207-208.
13. *Ibid.*, 208-209. The phrase "즉각 가동될 수 있는 상설법정"이란 표현은 클린턴 행정부의 전쟁범죄 전담대사이자 로마회의 미국 수석대표인 데이비드 J. 셰퍼(David J. Scheffer)가 쓴 논문, "The United States and the International Criminal Court," *American Journal of International Law*, Vol. 93, 1999에서 나왔다.

임 논리가 만났을 때 남반구 국가들이 어떻게 취급될 것인지를 보여주는 전조이다. 그것은 바로 항구적인 임시 보호책임론과 항구적인 임시 국제형사법정의 결합이다.

수단 대통령을 기소한 국제형사법정의 검찰관실, 보스니아 헤르체고비나 내전과 사담 후세인 치하의 이라크에서 발굴된 시체의 신원을 밝혀낸 법의학 팀, 또는 독일 전쟁범죄 처리를 위한 뉘른베르크 국제군사법정과 같이 적극성과 독립성으로 대단한 명성을 얻은 적이 있는 기관에다 미국, 나토, 이스라엘이 제2차 세계대전 후에 벌인 전쟁과 점령행위를 남김 없이 회부한다면 어떤 결과가 나올지 우리는 그저 짐작해 보는 수밖에 없다.

수단 대통령에 대한 체포영장을 신청했던 바로 그 검찰관이 2006년에는 국제사면위원회와 휴먼 라이츠 워치를 포함한 "240개 이상의 단체가 보내온 서신"을 받고서도 미국이 이라크 전쟁과 점령을 통해 저지른 범죄에 대해서는 조사하려 하지 않았다.

모레노-오캄포는 자신의 결정을 설명하는 답신에서 검찰관실이 조사를 개시하지 않는 복수의 이유를 제시했다. 그는 이라크와 미국 양쪽이 국제형사법정의 재판권 행사에 동의하지 않았고,[15] 국

14. UN 안전보장이사회 결의 1593호(S/RES/1593, 2005. 3. 31)를 보라.
15. "로마 장정 서명국," 국제형사법정, http://www.icc-cpi.int/statespar

제형사법정은 현재로서는 "분쟁해결을 위해 무력을 동원하는 것이 합법인지 아닌지"를 판정할 수가 없으며(앞서 설명한 바와 같이 국제형사법정의 심판대상으로서의 침략의 범죄는 아직 정의되어 있지 않다), 검찰관실은 "[미국] 군대가 학살로 규정될 수 있는 요건인 '민족, 종족, 인종 또는 종교적 집단을 기준으로 일부 또는 전체를 제거할 의도'를 갖고 있었음을 입증하는 합리적인 표시를 제시받은 적이 없다"는 등의 법률적 핑계를 늘어놓았다.

그러나 무엇보다도 중요한 사실은 모레노-오캄포가 유일하게 받아들일 의사를 가진 전쟁범죄의 요건인 "민간인 대상", "과도한 공격", "고의적인 살인", "민간인에 대한 비인도적 처우" 등에 관한 증거는 240개 이상의 단체가 제시했음에도 불구하고 그는 조사를 시작하지 않을 이유만 찾아냈다는 점이다. 이라크에서 벌어진 잔혹행위는 국제형사법정의 "중요성의 역치"를 충족시키지 못한다.

이라크의 살인과 파괴에 대한 모레노-오캄포의 말을 그대로 옮기자면 다음과 같다.

ties.html를 보라. 주요한 비서명국은 2009년 중반 현재로 중국, 러시아, 인도, 이스라엘, 이란, 파키스탄, 르완다, 수단이다. 비서명국인 수단이 국제형사법정에 회부된 이유는 안전보장이사회가 추천해주었기 때문이다.

당 검찰관실에서 조사 또는 분석 중인 다른 사례에서 밝혀진 희생자 수와 비교할 때 서열의 차이가 있다. 검찰관실이 현재 우간다 북부, 콩고민주공화국, 다르푸르에서 벌어지고 있는 장기적인 분쟁을 조사하고 있음을 염두에 둘 필요가 있다. 조사 중인 세 사례에서는 각기 수천 명에 대한 고의적이고 계획적인 살인뿐만 아니라 대규모의 성적 폭력과 유괴의 증거가 드러나고 있다. 세 사례를 총체적으로 보면 500만 명 이상이 강제로 축출되었다. 분석 중인 다른 사례에서도 수백 또는 수천 건의 유사한 범죄가 드러난다. 이 모든 것들을 고려할 때 이라크의 상황은 장정이 요구하는 역치를 만족시키지 못하는 것으로 보인다.[16)]

앞에서 설명했듯이 장기간의 "제재와 파괴" 시기에 희생된 수십만의 이라크인들은 미국과 영국의 정책에 의해 "고의적으로" 살해되었으며, 미국과 영국은 이런 정책이 어떤 결과를 가져오게 될지를 알고 있었고, 더 나아가 희생자들이 겪게 될 고통은 "마땅히 치러야 할 대가"라고 공개적으로 선언했다.

2003년에서 2009년 사이에 발생한 백만(또는 그 이상)의 "과도한"

16. 국제형사법정 수석검찰관 Luis Moreno-Ocampo, 2006년 2월 9일자 서신, http://www.icc-cpi.int/library/organs/otp/OTP_letter_to_senders_re_Iraq_9_ February_2006.pdf.

이라크 희생자들은 미국과 영국 침략자들이 저지른 "최고의 국제 범죄"의 직접적인 결과이며, 강제이주 당한 이라크인의 숫자는 모레노-오캄포가 밝힌 아프리카의 세 사례의 "총체적인" 숫자 500만과 비교될 만하며, 다르푸르 한 곳의 강제이주 숫자보다 훨씬 많다.

구 유고연방 범죄처리 국제재판소도 미국이 주도한 나토 블록의 1999년 세르비아 폭격전을 조사하라는 압력을 받자 똑같이 중요도의 역치를 들어 거부한 일은 놀랍기만 하다. 칼라 델 폰테는 나토군의 공격으로 사망했다고 파악된 세르비아인 희생자 495명은 나토군의 추정 범죄에 대한 공식적인 조사를 개시해야 할 만큼 충분한 숫자가 아니라고 말했다—"학살이나 인도주의에 반하는 범죄로 기소하기에는 **필수적인 범죄요건**의 증거가 없을 뿐이다."[17] 그런데 그 전해에는 델 폰테의 전임자 루이스 아르부르가 알바니아계 코소보인 희생자 숫자 344명은 중요도의 역치를 넘어섰으므로 유고슬라비아 대통령 슬로보단 밀로세비치를 여러 가지 범죄혐의로 기소할 충분한 범죄요건이 된다고 결정했고, 구 유고연방 범죄처리

17. *Final Report to the Prosecutor by the Committee Established to Review the NATO Bombing Campaign Against the Federal Republic of Yugoslavia*, 구 유고연방 범죄처리 국제재판소 검찰실(2000. 6), para. 90, http://www.un.org/icty/pressreal/nato061300.htm을 보라.

국제재판소는 희생자 가운데서 나토의 공격이 시작되기 전에 사망한 사람은 45명밖에 되지 않는다는 조사결과가 나왔는데도 즉각 이 결정을 받아들였다.[18] 나토의 홍보 대변인 제이미 쉬어는 구 유고연방 범죄처리 국제재판소의 선택은 장정의 정신을 구현하는 것이라고 설명했다 : "나토 회원국이 없었더라면 국제정의법정(International Court of Justice)이 생기지 않았을 것이고 구 유고연방 범죄처리 국제재판소도 생기지 않았을 것이다. 나토 회원국은 이 두 법정을 설립하고 재정을 부담했으며 두 법정의 일상 활동을 지원해 왔다. 우리는 국제법의 수호자이지 위반자가 아니다."[19]

구 유고연방 범죄처리 국제재판소는 밀로세비치를 344명의 알

18. Louise Arbour, *Prosecutor of the Tribunal Against Slobodan Milosevic* 외(IT-99-37), 별표 A-G(1999. 5. 22), http://www.un.org/icty/indictment/english/mil-ii990524e.htm을 보라. 별표에는 특이하게 이 사건을 기소할 만한 충분한 "범죄요건"으로서 코소보의 알바니아계 사망자 344명의 명단이 첨부되어 있다. 설명한 대로 별표 A("Račak," 1999. 1. 15)의 사망자 가운데서 NATO의 전쟁이 시작되기 전에 사망한 사람은 45명밖에 되지 않는다. 본서에서 지적하듯이 "라차크 잔혹행위"는 가공임이 거의 확실하다.
19. "NATO 대변인 Jamie Shea과 SHAPE(유럽동맹군 최고사령부) 대변인 Walter Jertz 소장의 기자회견," NATO HQ, Brussels(1999. 5. 17), http://www.nato.int/kosovo/press/p990517b.htm.

바니아계 코소보인 살해혐의로 기소했고, 세르비아군이 스레브레니카와 라차크에서 저지른 살인행위는 서방세계에 커다란 분노를 촉발하여 세르비아의 핵심 인물들도 줄줄이 기소되었다. 그런데 폴 카가메의 르완다애국전선이 "한 달에 1만 명 이상의 후투족 민간인을 살해하고 있다"는 내용을 담은 미국 국무장관에게 보고된 1994년 9월의 비망록을 클린턴 행정부, UN, 미디어는 다 같이 묵살했고 카가메를 아프리카의 "링컨"으로 둔갑시켰다(필립 구레비치). 카가메와 르완다애국전선은 이웃 콩고민주공화국에 들어가 영토를 정복하고 잔혹행위를 저지르는 동안 자유세계로부터 조용한 지원을 받았다. 앞에서 지적한 바이지만 카가메는 미국의 군사학교에서 훈련받았고, 르완다에서 정부를 폭력으로 전복시키는 계획을 세우고 집행하는 동안 미국의 지속적인 지원을 받았다. 카가메는 살인자로서는 이디 아민(Idi Amin)을 능가하는 인물이지만[20] 봉사

20. 이디 아민(Idi Amin) 독재 치하(1971-1979)에 살해된 우간다인 희생자는 보수적인 추산으로는 10만 명이고 많게는 30만 명으로 추산한다. Richard H. Ulmann, "Human Rights and Economic Power : The United States Versus Idi Amin," *Foreign Affairs*(1978. 4)를 보라. 당시에 Ulmann은 "현대에 일어난 잔혹행위의 사전에서 우간다는 '도살장으로 변한 국가'와 동의어"라고 말했다. 그러나 카가메-르완다애국전선이 지배했던 르완다와 콩고민주공화국에서 같은 일이 일어났다

와 지원을 교환하는 도식을 적용하면 그에 대한 불처벌은 당연한 보상이었다.

세상에 만연한 이러저러한 면책의 문화 덕분에 미국과 동맹국은 "최고의 국제범죄"뿐만 아니라 그로부터 생겨난 "축적된 악" 때문에도 책임을 추궁당하지 않는 자유통행증을 갖게 되었다. 그래서 1999년 봄에 유고슬라비아 연방공화국이 국제정의법정에 당시 유고를 폭격하고 있던 10개 나토 회원국에 대해 폭격 금지명령을 내려달라고 요청하자 미국은 "이 건에 있어서 법정의 재판권에 동의하지 않으며, 동의가 없으면 법정은 재판권을 행사할 수 없다"고 반박했다.[21] **유고가 아직 나토의 공격을 받고 있던** 1999년 6월 2일에 국제정의법정은 미국을 지목한 유고슬라비아의 고발을 수용할 "재판권을 갖고 있지 않으며", 침략자가 공격을 멈추도록 명령할 권한을

고 말하는 사람은 아무도 없다. 카가메와 르완다애국전선이 이디 아민보다 몇 배나 되는 사람을 죽였는데도 그들의 공포 통치는 현대 잔혹행위의 사전에는 올라가지 않았다.

21. 미국 법률대표의 구두 항변을 한마디도 빠뜨리지 않고 듣고 싶다면 *Request for the indication of provisional measures*, *Yugoslavia v. United States of America*, ICJ, 4 : 30 PM, 1999. 5. 12, para. 2. 1-2. 24(여기 인용된 부분은 2.22), http://www.icj-cij.org/docket/files/114/4577.pdf.를 보라.

갖고 있지 않다고 판결했다. 국제정의법정은 "국가 간의 분쟁에서 당사국이 법정의 재판권에 동의하지 않으면 판결을 내릴 수 없다"는 결정에 15명의 재판관 중 12명이 찬성했다. "미국이 '재판권을 인정하지 않는 입장을 고수하는 한'" 국제정의법정으로서는 대안이 없었다. "미국 측의 동의가 없으면 … 법정은 재판권을 행사할 수 없다 …."[22]

국제형사법정은, 기실은 북반구 백인세력의 이익에 장애가 되는 또 한 사람의 흑인 아프리카인 살인자를 덮친 것에 불과한데도 수단 대통령에 대한 체포영장을 발부하면서 현직 국가원수에 대한 최초의 영장발부로 보편적 재판권이 한 걸음 더 확대했다고 널리 선전했지만,[23] 그런 국제형사법정은 나토와 그 동맹 앞에서는 한걸음도 더 내딛지 못했다. 나토와 동맹국의 UN 헌장에 위배되는 침

22. *Yugoslavia v. United States of America*(1999. 6. 2), para. 26–34, http://www.icj-cij.org/docket/files/114/8036.pdf.를 보라. 유고슬라비아는 미국 외에도 9개국을 고발했으나(Belgium, Canada, France, Germany, Italy, the Netherlands, Portugal, Spain, United Kingdom) 마찬가지 결과가 나왔다.

23. 보도자료, "국제형사법정, 수단 대통령 오마르 알-바시르(Omar al-Bashir)에 대한 체포영장 발부"(ICC-CPI-20090304-PR394), 국제형사법정, The Hague(2009. 3. 4)를 보라.

략행위와 대량 잔혹행위의 범죄는 처벌받지 않았을 뿐만 아니라, 책임져야 할 인물들은 공직의 권능을 행사하면서 과거 어느 때보다도 국제법을 초월한 위치에 머물고 있다. 21세기가 되어서도 미국과 미국의 동맹, 그리고 미국의 하수인들은—사하라 이남 아프리카와 기타 지역의 그들의 적만 제외하고—거대한 불평등이 만들어낸 면책의 문화를 여전히 즐기고 있다. 이 면책의 특권은 그들의 도덕적 우월성이나 정의로운 행동에 뿌리를 둔 것이 아니라 압도적으로 우월한 경제적 정치적 힘에서 나온 것이다. 그 이상도 그 이하도 아니다.

미국의 기득권 주류집단의 어느 한 부분에서도 동남아시아와 중동의 인명 희생과 재산 파괴는 우연한 사건이 아니라, 정도의 차이는 있지만 모두가 이런 결과를 기대했던 정교한 정책의 산물이라는 사실을 제대로 인식하지 못하는 무능력은 미국 역사에서 가장 심각한 지적 도덕적 파산이다. 학살 부정의 가장 설득력 있는 사례를 찾자고 한다면 그것은 세계에서 가장 교육수준이 높고 가장 부유하다는 이 나라의 일상적인 행위 속에 존재한다.

대량 잔혹행위를 무시할지 아니면 비난할지를 분별하는 능력이 그 행위자가 우리 자신인지 아니면 적인지에 따라서 달라진다는 사실은 예나 지금이나 변함이 없다. 인간 분별력의 박약함이 어느 정도가 될 수 있는지를 보여준 한 소책자의 저자에게 2003년 논픽션 부문 퓰리처상이 주어졌다.[24] 21세기의 첫 10년 동안 "인도주의적" 전쟁을 부르짖는 지식인들에게 명분을 제공해 준 주역은 보스니아인, 투치족, 코소보인에서 다르푸르 주민들, 레바논인, 티베트인, 미얀마인, 이란의 여성과 학생 등등으로 조용히 바뀌어 갔다. 이들은 지정학적 유용성의 부침에 따라 어느 날 갑자기 주목할 가치가 있는 희생자의 자리에 오르게 되었다는 사실을 전혀 눈치채지 못하는 신흥 인도주의자들에 대해서는 혐오감을 느끼지 않을 수 없을 것이다.

"국제정의"의 수호자들이 북반구 백인세력이 중요도의 역치를 넘지 못하는 유색인을 상대로 저지르는 범죄를 단 한건도 찾아내지 못했기 때문에 "보호책임"이나 "불처벌의 종식"이란 화려하고 고상한 논리는 그 범죄가 아무리 잔혹할지라도 희생자들에게는 결코 적용되지 않았다. 서방세계의 기득권 주류 집단은 앞다투어 보스니아 헤르체고비나, 르완다, 코소보, 다르푸르의 학살을 비난하고 가해자로 지목된 사람들을 처벌하기 위한 법정을 구성했다. 그러면서도 그들은 자신의 정권과 체제가 동남아시아, 중미, 중동, 사하라 이남 아프리카의 민중을 상대로 저지른 범죄에 대해서는 침묵하고

24. 우리가 말하는 책은 사만다 파워가 2002년에 출간한 *"A Problem from Hell" : America and the Age of Genocide*이다.

있다. 이것이 "학살의 정치학"이다.

역자 후기

20세기에 일어난 두 차례의 세계대전은 본질적으로 서구 제국주의의 세력권 재조정 과정이라고 할 수 있다. 제1차 세계대전을 통해 미국은 낡은 세계 유럽에 대한 채권국이 되었고 제2차 세계대전을 거치면서 미국의 경쟁자와 동맹 모두가 유럽과 아시아에서 몰락한 반면에 직접적인 손상을 전혀 입지 않았던 미국은 전후에 세계무대에서 경제 · 정치 · 군사적으로 지배적인 위치에 올라섰다. 제2차 세계대전 후 "세계 인구의 6.3%에 불과한 미국이 세계의 부의 50%를 갖게 되었다." 이러한 비대칭적 지위를 유지하기 위해 미국은 정책을 수립하고 가능한 모든 수단을 동원하여 미국의 우월성을 적극적으로 추구하기 시작했다. 미국은 사회주의 진영을 제외한 세계 전역에서 옛 식민종주국을 대체한 유일의 패권국이 되었다.

신생제국 미국이 세력을 확장하는 과정에서 옛 유럽처럼 노골적이고 직접적인 식민지배를 추구하지는 않았으나(필리핀 등 소수의 예를 제외하고) 불균형한 세계구조를 유지하고 그 과정에서 사업을 해외로 확장하려는 욕구를 가진 초국가적 기업들의 이익을 챙겨주려던 미국은 통상적으로 현지의 군부 엘리트와 이전 식민지 매판자본과 손을 잡거나 구세력을 복귀시켰다. 이때 미국이 자국민을 향하여 자신의 침략행위를 정당화하는 논리가 공산주의의 위협으로부터 민주주의와 인권을 지킨다는 것이었다.

이 책은 제2차 세계대전 이후 미국이 각국에서 벌인 자신의 침략과 학살행위를 어떻게 은폐·축소하고 적대세력이 저지른 동일한 행위는 어떻게 왜곡·과장했는지를 보여준다. 특히 그러한 미국의 의도를 전파하는 데 언론이 얼마나 충실한 하수인 노릇을 했는지를 집중적으로 분석하여 보여주고 있다.

이 책에서 밝히고 있는 여러 사례들은 미국의 제국주의적 행태와 언론이 정권의 하수인 노릇을 한 행태에 대한 우리의 이해를 넓혀줄 것이다. 그러나 이 책의 내용 못지않게 중요한 것은 이 책의 공저자의 한 사람인 에드워드 허먼(Edward S. Herman)과 노암 촘스키(Noam Chomsky)가 20여 년 전에 한 저서를 통해 언론이 하수인 역할을 하는 구조적 원인을 밝혀내고 비판했다는 점이다.

허먼과 촘스키는 1988년에 발간한 『합의의 날조 : 대중매체의 정치경제학』(*Manufacturing of Consent : The Political Economy of Mass media*)이라는 책에서 언론의 의제설정의 편향성과 사실 왜곡의 구조적 원인을 정리하여 "선전모형"(Propaganda Model)이라는 이론을 제시했다.

"선전모형" 이론에 따르면 미디어가 의제와 사실을 왜곡하는 데는 5가지 "필터"가 중간에서 작용하기 때문이다. 첫째는 "소유"란 필터이다. 현대의 주류언론의 대부분은 대기업이거나 대기업 그룹의 소속회사이다. 대중에게 제공되는 정보는 이들 소유주의 이익에 따라 제외되거나 왜곡될 수밖에 없다. 둘째는 언론기업의 "이윤"이란 필터이다. 언론기업은 정보의 생산비용을 초과하는 광고수입을 통한 이윤에 의존하여 생존한다. 그러므로 광고주 기업에게 매력적이지 않은 정보는 제거되거나 주변화 된다. 셋째는 "정보원"(情報源)이란 필터이다. 규모와 공정성에 있어서 아무리 높은 평가를 받는 언론기업이라 할지라도 어디나 항상 기자를 둘 수는 없다. "대중매체와 강력한 정보원 사이에는 경제적 필요와 상호 이익이란 상징적 관계가 형성된다." 백악관, 펜타곤, 다우닝가 10번지, 기업의 협회 등은 정보의 터미널이고 편집자나 기자가 이들과 불편한 관계를 형성하면 정보원에 대한 접근이 차단된다.

넷째는 이른바 "홍보 맨" 또는 "홍보기구"라는 필터이다. 이들은 대중매체에 자신에게 불리한 기사가 나왔을 때 독자편지, 전화, 청원, 소송 등의 수단을 동원하여 기사의 신뢰를 떨어뜨리거나 취재를 위축시키는 대응책을 동원한다. [촘스키와 허먼은 대표적인 "홍보기구"로서 지구온난화의 반대논리를 확산시키기 위해 홍보전문회사 버슨 마스텔러(Burson-Masteller)가 주도하여 화석연료와 자동차회사(엑슨, 텍사코, 포드 등)를 끌어들여 만든 지구기후동맹(Global Climate Coalition)을 지목하고 있다.] 다섯째, 반공주의와 공포라는 필터. 이 책이 발간된 때는 아직 냉전 시대여서 대중의 공포를 촉발하는 데는 반공주의는 매우 유효한 도구였다. 냉전이 끝난 후에는 새로운 공포의 대상이 제시되고 있다. 카다피, 후세인, 밀로세비치 같은 "사악한 독재자"가 각광을 받고 환경주의자는 "에코-테러리스트"의 배역을 맡게 되었다.

어떤 추산에 의하면 미국은 1945년부터 2009년 사이에 최소한 29개국에서 "극도로 심각한" 군사적 개입을 실행하였다. 개입의 명분이 투자환경을 개선하는 것이라고 공개적으로 표명된 적은 당연히 한 번도 없다. 관료들, 기득권 지식인들, 그리고 대중매체에서 늘 동원하는 논리는 냉전체제 하에서 미국만이 "소련의 위협"으로부터 대중과 국가들과 대륙 전체를 보호할 수 있는 능력을 갖고 있다는 것이었다. 냉전 시대가 끝난 후로 이 수법은 거듭될수록 세련되면서 미국이 공격해야 할 대상은 악의 화신으로 만들고 미국은 도덕적으로 우월한 나라이므로 국제법의 적용대상이 아니라는 "예외주의"를 대중에게 널리 주입시켰다. 그 결과가 오늘날 미국의 미디어와 지식 엘리트들뿐만 아니라 일반 대중들도 미국이 조종하거나 지원하는 테러리즘, 침공, 인도주의에 반하는 범죄나 심지어 학살에 대해서 갖고 있는 무한정한 포용력이다.

한국은 미국처럼 거대한 제국주의를 흉내 낼 생각조차 할 수 없지만, 이 책과 『합의의 날조』에서 제시하는 사례와 분석틀을 우리 "내부"의 제국주의에 대입해도 전혀 설득력이 떨어지지 않을 것이다.

이 책은 *The Politics of Genocide*(Monthly Review Press, New York, 2011)를 우리말로 옮긴 것이다.

공저자인 에드워드 허먼은 펜실베이니아 대학교 경영대학원(Wharton School)에서 오랫동안 화폐금융론을 가르쳤고 지금은 이 대학원의 명예교수이자 같은 대학의 언론대학원에서 강의하고 있다. 1960년대에 노암 촘스키와 함께 베트남전에 반대하는 "납세거부운동"을 벌였고, 지금까지 미국의 대외정책과 매스미디어의 편향성을 비판하는 사회적 발언을 활발히 해오고 있다. 또 한 사람의 저가 데이비드 페터슨(David peterson)은 시카고를 중심으로 독립언론운동을 하는 저널리스트이다.

최선을 다했지만 그래도 남은 번역의 오류는 온전히 역자의 책임이다. 이 책이 나오도록 애써준 여국동 사장 이하 인간사랑 가족들에게 감사드린다.

2011년 6월

역자

[에드워드 S. 허먼의 주요 저서]

1968 : Principles And Practices Of Money And Banking

1968 : The Great Society Dictionary

1970 : Atrocities in Vietnam

1973 : Counter–Revolutionary Violence–Bloodbaths in Fact & Propaganda (노암 촘스키와 공저)

1979 : The Political Economy of Human Rights, Volume I : The Washington Connection and Third World Fascism (노암 촘스키와 공저)

1979 : The Political Economy of Human Rights, Volume II : After the Cataclysm : Postwar Indochina and the Reconstruction of Imperial Ideology (노암 촘스키와 공저)

1981 : Corporate Control, Corporate Power : A Twentieth Century Fund Study

1982 : The Real Terror Network

1984 : Demonstration Elections (Frank Brodhead와 공저)

1986 : The Rise and Fall of the Bulgarian Connection (Frank Brodhead와 공저)

1988 : Manufacturing Consent : The Political Economy of the Mass Media (노암 촘스키와 공저)

1990 : The "Terrorism" Industry

1992 : Beyond Hypocrisy : Decoding the News in an Age of Propaganda : Including a Doublespeak Dictionary for the 1990s

1995 : Triumph of the Market

1997 : The Global Media (with Robert McChesney)

1999 : The Myth of The Liberal Media : An Edward Herman Reader

색인

지은이 **노암 촘스키** Noam Chomsky

미국의 언어학자로서 변형생성문법 이론으로 언어학에 큰 영향을 끼쳤다. 또한 1960년대부터 활발히 사회운동에 참여하여 미국을 대표하는 비판적 지식인으로 평가를 받고 있으며, 현재 매사추세츠 공과대학의 언어학과 교수이다.

주요 저서로는 『언어 이론의 논리적 구조』(1995), 『통어론적 구조』(*Syntactic Structures*, 1957), 『통어 이론의 제상』(*Aspects of the Theory of Syntax*, 1965) 등 다수가 있다.

에드워드 S. 허먼 Edward S. Herman

펜실베이니아 대학교 경영대학원(Wharton School)에서 오랫동안 화폐금융론을 가르쳤고 지금은 이 대학원의 명예교수이자 같은 대학의 언론대학원에서 강의하고 있다. 1960년대에 노암 촘스키와 함께 베트남전에 반대하는 "납세거부운동"을 벌였고, 지금까지 미국의 대외정책과 매스미디어의 편향성을 비판하는 사회적 발언을 활발히 해오고 있다.

데이비드 페터슨 David Peterson

시카고를 중심으로 독립언론운동을 하는 저널리스트이다.

옮긴이 **박종일**

고려대학교 정치외교학과 졸업

30여 년간 기업에서 일한 후 은퇴하여 번역가로 활동하고 있다. 번역서로는

_ 존 벨라미 포스터(John Bellamy Foster) 저, 『벌거벗은 제국주의』(공역, 인간사랑, 2008)
_ 얀 멜리센(Jan Melissen) 편저, 『신공공외교』(공역, 인간사랑, 2008)
_ 존 벨라미 포스터(John Bellamy Foster) 외 저, 『다윈주의와 지적설계론』(인간사랑, 2008)
_ 범문란 저, 『중국통사(中國通史)』(상/하)(인간사랑, 2009)
_ 조셉 커민스(Joseph Cummins) 저, 『미국 대통령선거 이야기』(인간사랑, 2009)
_ 톰 베델(Tom Bethell) 저, 『정치적으로 왜곡된 과학 엿보기』(인간사랑, 2009)
_ 존 벨라미 포스터(John Bellamy Foster) 저, 『생태혁명』(인간사랑, 2010)
_ 존 벨라미 포스터(John Bellamy Foster) 저, 『대금융위기』(인간사랑, 2010)
_ 로버트 A. 존슨(Robert A. Johnson) 저, 『내면의 황금』(인간사랑, 2010)
_ 하워드 진(Howard Zinn) 저, 『라과디아』(인간사랑, 2011)

학살의 정치학

초판1쇄 / 2011년 8월 10일

지은이 **노암 촘스키 / 에드워드 S. 허먼 / 데이비드 페터슨**
옮긴이 **박종일**
펴낸이 **여국동**
펴낸곳 **도서출판 인간사랑**
인 쇄 **백왕인쇄**

출판등록 1983. 1. 26. / 제일 3호

정가 15,000원

ISBN 978-89-7418-031-7 93300

※ 잘못된 책은 교환해 드립니다.

(411-815) 경기도 고양시 일산구 백석동 1178-1
TEL (031)901-8144, 907-2003
FAX (031)905-5815
E-mail igsr@yahoo.co.kr / igsr@naver.com